Jonathan K. Dodson

Standhaft leiten

Mit Gnade und geistlicher Kraft durch schwierige Zeiten führen

Jonathan K. Dodson

STAND HAFT LEITEN

Mit Gnade und geistlicher Kraft durch schwierige Zeiten führen

Jonathan K. Dodson
Standhaft leiten
Mit Gnade und geistlicher Kraft durch schwierige Zeiten führen

Best.-Nr. 271875
ISBN 978-3-86353-875-0
Christliche Verlagsgesellschaft Dillenburg

Titel des englischen Originals:
The Unwavering Pastor

Published by:
The Good Book Company
thegoodbook.com

Es wurde folgende Bibelübersetzung verwendet:
Elberfelder Bibel 2006, © 2006 by SCM R.Brockhaus in der SCM Verlagsgruppe GmbH Witten/Holzgerlingen.

1. Auflage

www.cv-dillenburg.de

Übersetzung: Svenja Tröps
Satz und Umschlaggestaltung: Christliche Verlagsgesellschaft Dillenburg

Druck: CPI Books GmbH, Leck
Printed in Germany

Wenn Sie Rechtschreib- oder Zeichensetzungsfehler entdeckt haben, können Sie uns gern kontaktieren: info@cv-dillenburg.de

Inhalt

Meinen Mitältesten und Freunden
Peter, Matt und John

„Ein biblisch fundiertes, und sehr ansprechend geschriebenes Buch, das aufzeigt, wie es ist, Gemeindeleiter, aber auch Mensch zu sein. Dodsons Ehrlichkeit und Verletzlichkeit zeigen, dass es einen Schlüssel zum Leiten in spalterischen Zeiten gibt, nämlich: zu lernen, zu leiden, zu trauern und auf Christus zu schauen. Jeder Leiter, der dieses Buch liest, wird Prinzipien und Lektionen lernen, um durch spalterische Zeiten zu führen, aber mehr noch, er wird sich von der Art von Mensch und Leiter prägen lassen, zu der Christus uns in diesen schwierigen Tagen beruft. Ich empfehle dieses Buch von Herzen."
Brian Croft, Executive Director, Practical Shepherding; Senior Fellow, Church Revitalization Center, Southern Baptist Theological Seminary

„Wenn Sie straucheln, wenn Sie sich überfordert fühlen, wenn Sie keine Kraft mehr haben, lesen Sie dieses Buch! *Standhaft leiten* wird Ihnen auf die Beine helfen und Ihnen zeigen, dass wir einen unerschütterlichen Vater haben, der sich für Sie einsetzt."
Steve Robinson, Senior Pastor, Cornerstone Church, Liverpool (UK); Geschäftsführer von The Cornerstone Collective

„Als erschöpfter Pastor, der ständig mit anderen Menschen spricht, die sich in einer ähnlichen Situation befinden, weiß ich es zu schätzen, dass dieses Buch zur richtigen Zeit kommt. Was auch immer Sie gerade für eine Herausforderung erleben, durch die Sie andere hindurchführen müssen – dieses Buch wird Ihnen sicher hilfreiche Anweisungen und lebensspendende Ermutigungen liefern."
Tony Merida, Pastor Imago Dei Church, Raleigh, North Carolina; Autor des Buches *Love Your Church*

„Hier finden Sie eine Oase für angespannte Pastoren und erschöpfte Leitungsmitarbeiter. Dieses Buch liest sich wie ein Gespräch mit einem guten Freund, der Sie auf den unvermeidlichen Schmerz vorbereiten und Sie vor unnötigem Schmerz bewahren möchte. Jonathan schreibt aus Erfahrung und vermittelt praktische Weisheit, die auf biblischen Erkenntnissen beruht. Ein zeitgemäßes Buch für unsere schwierigen Zeiten!"
Adam Ramsey, Lead Pastor, Liberti Church, Goldküste, Australien; Network Director von Acts 29 in der Region Asien-Pazifik; Autor des Buches *Vom Kopf ins Herz und umgekehrt*

„Eine Pflichtlektüre für alle, die die Ortsgemeinde lieben, ihr dienen und sie leiten. Gott hat die Gemeinde schon früher durch Pandemien und Spaltungen geführt und dabei durch zerbrochene Männer und Frauen wie uns gearbeitet. *Standhaft leiten* ist eine Erinnerung an Gottes Treue, die uns zur Hoffnung führt."
Jay Y. Kim, leitender Pastor, WestGate Church in Silicon Valley (USA), Autor des Buches *Analog Church*

„Dieses Buch kommt zur rechten Zeit, denn wir leben in einer der kulturell herausforderndsten Zeiten für den Leitungsdienst, wie es sie seit Generationen nicht mehr gegeben hat. Dieses Buch ist zeitlos, weil es auf dem inspirierten Rat des Paulus an Timotheus basiert, wie er in der Heiligen Schrift aufgezeichnet ist. Jonathan Dodson gibt uns Hilfe und Hoffnung, indem er uns wie der Apostel Paulus daran erinnert: ‚Das Ziel der Weisung aber ist Liebe aus reinem Herzen' (1. Timotheus 1,5)."
Dave Bruskas, US-amerikanischer Direktor von Acts 29

Vorwort von Dane Ortlund

Ich brauchte dieses Buch. Wenn du ebenfalls im Dienst für Gott stehst, aber im Laufe der Zeit müde geworden bist, brauchst du es auch. Wie sehr ich es brauchte, wurde mir erst klar, als ich es las.

Jonathan Dodson hat sich durch seine Bücher und seinen Dienst in der *City Life Church* in Austin, Texas, bereits als weiser und zuverlässiger Ratgeber für die Gemeindelandschaft von heute erwiesen.

Man muss uns nicht sagen, in welch bizarren und verwirrenden Zeiten wir leben. Das wissen wir. Wir brauchen konkrete Ratschläge, wie wir als Pastoren, Älteste und Leiter unserer Gemeinden diese Zeiten bestehen und meistern können. Und genau das versucht Jonathan Dodson in seinem Buch *Standhaft leiten.*

Welche Hilfsangebote brauche ich oder wünsche ich mir schon seit Langem?

Erstens jemanden, der mit Gott lebt und uns die Bedeutung dieser Gemeinschaft in Erinnerung ruft. Oder, um es mit den Worten von Francis Schaeffer auszudrücken: jemanden, der für die Gesundheit der Seele die alles bestimmende Bedeutung der „Realität mit Gott“ kennt – eine echte, ununterbrochene Gemeinschaft mit dem dreieinigen Gott. Bücher für christliche Führungskräfte enthalten manchmal viele präzise und wertvolle Ratschläge, vergessen aber das entscheidende Fundament der Gemeinschaft mit Gott. Ich wurde beim Lesen immer wieder an die befreiende Wahrheit erinnert, dass alle Hürden des Dienstes überwindbar sind, wenn ich sie zusammen mit Gott bewältige. Jonathan weist uns immer wieder darauf hin, dass die geistliche Gesundheit der Hirten einer Gemeinde die Grundvoraussetzung ist.

Zweitens wünsche ich mir jemanden, der biblisch lebt. Aber unter „biblisch“ verstehe ich nicht, dass jemand die Heilige Schrift in einen Topf mit konkurrierenden Einflüssen wirft – seien es kulturelle Erkenntnisse, gesunder Menschenverstand, persönliche Erfahrungen, historische Lehren oder Barna-Umfragen[1]. Sondern ich meine damit jemanden, für den die Bibel die alles bestimmende Schatztruhe der Wahrheit und der Weisheit ist, und der sich von ihr zeigen lässt, wie man in diesen Zeiten andere Menschen fruchtbringend führen kann. Jonathan erfüllt dieses Kriterium.

Drittens jemanden, der ehrlich ist. Im gesamten Buch reflektiert Jonathan seine eigenen Erfahrungen im Dienst mit einer erfrischenden Transparenz, mit der ich mich sofort identifizieren konnte. Diese Offenherzigkeit schafft Vertrauen beim Lesen und ist hilfreich.

Viertens jemanden, der erprobt ist. Auf diesen Seiten wird deutlich, dass Jonathan geprüft und für treu befunden worden ist. Er ist schon „durch viele Gefahren, Mühen und Fallen“[2] gegangen. Und wir können von seinen Erfahrungen lernen.

Fünftens und letztens jemanden, der gut mit Worten umgehen kann. Auch das trifft auf Jonathan zu.

---

1 Anm. d. Übers.: Ein evangelikales Meinungsforschungsinstitut in den Vereinigten Staaten.

2 Anm. d. Übers.: Vgl. dritte Strophe der dt. Übersetzung des bekannten Liedes „Amazing Grace“ – „O Gnade Gottes wunderbar“.

Die größte Versuchung, der jeder Pastor ausgesetzt ist, besteht nicht darin, das Amt niederzulegen, obwohl ich weiß, dass viele diesen Schritt in Erwägung ziehen (und in diesem Fall wird Jesus sie nicht weniger lieben). Die größte Versuchung ist viel subtiler. Sie besteht darin, weiterhin einen Gehaltsscheck zu bekommen oder weiter in der Gemeinde zu dienen, aber innerlich aufgegeben zu haben. Sie besteht darin, nach außen hin alle Aktivitäten weiterlaufen zu lassen, während wir innerlich den Dienst an den Nagel gehängt haben, weil unser Herz erkaltet ist und wir unsere Ideen und Visionen begraben haben. Das ist die Weggabelung, vor die uns die Kritik und die Widerstände stellen, über die Jonathan so ergreifend schreibt und mit denen gerade Pastoren und Älteste mehr denn je konfrontiert sind.

Jonathan versteht diese größte aller Versuchungen. Er hat mir sogar geholfen, sie noch besser zu verstehen. Und *Standhaft leiten* hilft uns allen in diesen stürmischen Zeiten, einen geheuchelten Dienst – äußerlich lächelnd, aber innerlich längst resigniert – abzulehnen, weil dieses Buch von einem Mann geschrieben wurde, der in Gemeinschaft mit Gott lebt und bibeltreu, ehrlich, bewährt und wortgewandt ist.

Ich übe den Dienst des Pastors erst seit ein paar Jahren aus. Deshalb brauchte ich dieses Buch mehr als die meisten anderen. Und schon in meiner kurzen Amtszeit war ich versucht zu verzagen, mich zurückzuziehen – wenn nicht beruflich, so doch zumindest emotional – und mich dem Zynismus zu ergeben. Gott hat mich bisher bewahrt, und dieses Buch ist ein Werkzeug, das mir helfen wird, weiterzumachen und die Aufgabe des Hirten fröhlich wahrzunehmen – auch wenn es sich manchmal so anfühlt, als solle man fröhlich über ein Minenfeld tanzen. Wenn du dieses Buch mit offenem Herzen, in aller Ruhe und nachdenkend liest, wirst du, wie ich, am Ende dieser Lektüre gefestigt, neu gestärkt und mit weisen Ratschlägen ausgestattet sein, damit wir alle weitermachen können.

Danke, dass du uns mit diesem Wort zur rechten Zeit gesegnet hast, Jonathan.

Pastor Dane Ortlund
Im Januar 2022

Einführung

Vielleicht hast du dieses Buch in die Hand genommen, weil du wissen willst, wie du angesichts komplexer kultureller Fragen und Probleme ein guter Leiter sein kannst. Dann wirst du hier auf jeden Fall ein paar Antworten finden. Vielleicht erhoffst du dir, ein offenes Ohr bei einem anderen Pastor[3] zu finden, der dich versteht. Auch das kann ich dir versprechen. Vielleicht möchtest du auch einfach nur wissen, wie man einen festen Halt finden kann, während die Welt um uns herum aus den Fugen zu geraten scheint. Wenn ich dir das nicht zeigen kann, habe ich versagt.

Was du hier nicht finden wirst, ist Ein unerschütterlicher Hirte. Ich lasse mich ziemlich häufig erschüttern: Manchmal befinde ich mich in tiefen Tälern der Verzweiflung, ein anderes Mal auf dem Gipfel geistlicher Freude. Manchmal empfinde ich mich als gewohnheitsmäßigen Sünder oder als Heiligen voller Glauben; als einen das Handtuch hinwerfenden Gemeindeleiter, als sanftmütigen Hirten, als sprachlosen Pastor, als Zuversicht ausstrahlende Führungsperson. Christus hat an mir festgehalten, als meine Gefühle mich woanders hingebracht hätten. Er hat mich bewahrt, als meine Sünden mich leicht hätten hinwegfegen können.

3 Anm. d. dt. Hg.: Dieses Buch ist von einem erfahrenen Pastor für andere Pastoren geschrieben worden. Die in diesem Buch beschriebenen Prinzipien lassen sich jedoch auch auf andere Leiter und Verantwortliche in Gemeinden, christlichen Werken oder Diensten anwenden, wie zum Beispiel Älteste, Diakone, Gruppenleiter, Mitarbeiter etc.

Inwiefern können wir als Pastoren und Verantwortliche dann standhaft leiten? Wir können es so machen wie Paulus, der sagte: „Ich weiß, wem ich geglaubt habe, und bin überzeugt, dass er mächtig ist, mein anvertrautes Gut bis auf jenen Tag zu bewahren“ (2Tim 1,12). Woran knüpfte Paulus sein unerschütterliches Vertrauen? An seinen Glauben? An seine Geistlichkeit? An die Existenz Gottes? Nein, er setzte sein Vertrauen nicht auf *das, was* er glaubte, sondern auf *den, an den* er glaubte. Er *kannte* den Gott, dem er vertraute.

Je besser wir den Charakter eines Menschen kennen, desto besser können wir einschätzen, ob er vertrauenswürdig ist. Und da Paulus wusste, dass Gott absolut vertrauenswürdig ist, hatte er ein enormes Vertrauen in Gottes Bereitschaft, die gute Nachricht zu verbreiten. Christus ist gestorben, Christus ist auferstanden, und Christus wird wiederkommen, um alles neu zu machen: auch – oder gerade – sündige Menschen. Paulus hatte einen unerschütterlichen Glauben an einen Gott, der Menschen vergibt, die sich allzu leicht erschüttern lassen. Seine Zuversicht gewann er vom Objekt seines Vertrauens – nämlich von dem Gott des Evangeliums.

Daher werden sein Wissen, sein Glaube und seine Überzeugung als Verben im griechischen Perfekt ausgedrückt, was bedeutet, dass das Wissen, der Glaube und die Zuversicht von Paulus in der Vergangenheit anfingen und bis zur Gegenwart anhalten. Warum? Weil er einem Gott begegnet war, den er nicht mehr vergessen konnte. Er wurde durch ein Evangelium erlöst, das keine „Un-erlösung“ kennt. Er kannte einen Messias, der für immer mit ihm und für ihn ist. Die Gnade hatte ihre Spuren hinterlassen.

Das Vertrauen eines standhaften Leiters entsteht nicht durch seine theologischen Kenntnisse, seine Erfahrung in der Seelsorge oder seine Treue in den geistlichen Disziplinen. Unsere Zuversicht rührt daher, dass Gott standhaft an seinem eigenen Evangelium festhält, damit wir Gottes Gnade in Christus für Sünder bewahren, schützen und fördern können, und zwar durch den Heiligen Geist. Der dreieinige Gott setzt sich unerschütterlich dafür ein, und deshalb können wir auf seine zuverlässige Gegenwart, seine unnachlässige Vergebung, seine unaufhaltsame Gnade und seine unübertroffene Erlösungskraft zählen. Wenn du das glaubst, kannst auch du ein standhafter Leiter sein.

Wie können wir dann seine Gemeinde in Gnade führen? Ich habe zwei Fäden genommen und versucht, sie in diesem Buch miteinander zu verweben. Der erste ist ein ewiger Faden – die inspirierte Weisheit des Paulus in seinem zweiten Brief an Timotheus. Im ersten und vierten Kapitel berichtet er in bemerkenswerter Offenheit von den Schwierigkeiten, mit denen er in seinem Dienst zu kämpfen hatte. Man begegnet dem geistlich reifen Paulus; er ist gebrochen, aber voller Hoffnung; schwach, aber gestärkt durch Christus höchstpersönlich. Im zweiten und dritten Kapitel liest man viele eindringliche Empfehlungen, wie man eine Gemeinde leitet, die eine Spaltung durchlebt. Man begegnet einem weisen Apostel, der einem jungen, noch wachsendem Leiter Ratschläge erteilt. Es ist ein sehr persönlicher, theologisch solider und praktischer Brief.

Der zweite rote Faden besteht aus meinen unvollkommenen, aber authentischen Überlegungen aus Sicht eines Hirten darüber, wie man die Gemeinde – in Gnade – durch eine Zeit voller Uneinigkeit führen kann. Es ist praktisch unmöglich, eine Gemeindespaltung zu überstehen, ohne zu sündigen, und Christus steht die ganze Zeit an unserer Seite, um uns davor zu bewahren. Beängstigend ist, dass man solch ein Zerwürfnis durchaus überstehen kann, aber mit einem verhärteten und verschlossenen Herzen zurückbleibt. Wenn wir jedoch in diesen Zeiten Gottes Gnade durch uns strömen lassen, werden wir sanftmütiger und aufgeschlossener gegenüber anderen Sündern. Wir befinden uns in Gottes Nähe, und folglich lieben wir sein Volk besser und inniger. Ein solcher Prozess ist zwar nicht einfach, aber er ist es allemal wert.

Dieses Buch ist gewissermaßen ein langes Gebet. Ein flammender Pfeil, der in die Dunkelheit der Anfechtung geschossen wird, in der Hoffnung, dass jeder Leiter, der es liest, und jeder Pastor, Ältester oder Leiter, der sich auf das Gelesene einlässt, das Gefühl hat, wahrgenommen und verstanden zu werden, und zwar nicht nur von mir, sondern von unserem Vater im Himmel und dem barmherzigen Heiland, der zu seiner Rechten sitzt. Ich hoffe, dass du Gottes Nähe spürst, und selbst wenn nicht, dass du daran glaubst – und an einen Gott, der immer für dich und nicht gegen dich ist, besonders wenn die Umstände düster erscheinen.

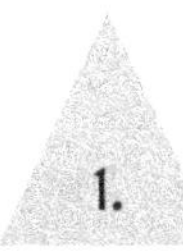

Zeiten voller Spaltungspotenzial

Covid ist in vollem Gange. Die Krankenhäuser sind überlastet. Der Inzidenzwert ist in die Höhe geschnellt, und die Maßnahmen werden immer strenger – man darf das Haus nur noch für das Nötigste verlassen. Minneapolis steht in Flammen, und auf den Straßen regiert die Ungerechtigkeit.

Ich setze mich an meinen Schreibtisch, der in der Ecke unseres Schlafzimmers von dem frisch gemachten Bett eingekeilt wird, und starre die Wand an. Muss ich mich zu einem weiteren Zoom-Meeting einloggen? Ich wechsle von Meetings mit Leuten, die mich für zu leichtsinnig halten, zu welchen mit denen, die mich für zu restriktiv halten. Die Aspekte meines Versagens scheinen sich so häufig zu ändern wie eine Twitter-Timeline.

Ich fühle mich überwältigt von allem. Ich klappe meinen Laptop auf, und eine Mitteilung ploppt auf – eine weitere heftige Kritik. Es ist nur eine Frage der Zeit, bis auch diese Person geht. Ich versuche, mir selbst einzureden, dass die meisten Menschen dankbar für unsere Gemeinde sind, aber die Stimmen der Kritiker werden lauter und lauter.

Uneinigkeit unter Glaubensgeschwistern erschwert die sowieso schon nicht einfache Führungsverantwortung. Sie bedroht die Integrität der Sache, der du dein Leben gewidmet hast. Sie ist keine Schraube, die angezogen werden muss, oder ein Reifen, der darauf wartet, aufgepumpt zu werden. Sie ist ein wütendes Feuer, das, wenn es nicht gelöscht wird, das ganze Haus niederbrennt.

Zwar gibt es im Leben immer wieder lockere Schrauben und undichte Stellen, aber Menschen, die Spaltungen auslösen, konzentrieren sich oft so sehr auf Äußerlichkeiten, dass sie ihre eigenen Unzulänglichkeiten aus den Augen verlieren. Sie ignorieren den Telefonmast, der aus ihrem eigenen Auge herausragt, während sie sich wie besessen mit dem Staubkorn im Auge anderer beschäftigen. Wenn sich die Telefonmastträger zusammenrotten und angreifen, führen ihre Balken bei den Gemeindeverantwortlichen zu schweren Schäden. Eingekeilt zwischen den Menschen, die sich auf den gegenüberliegenden Seiten der Kontroverse verschanzt haben, nehmen die Führungspersonen mitten im Zentrum der gärenden Unruhen Schaden.

Wie können wir in Zeiten voller Spaltungspotenzial unserer Leitungsverantwortung nachkommen?

Menschen, die uns erquicken

Der Apostel Paulus war mit Spaltungen nur allzu vertraut. In seinem zweiten Brief an Timotheus werden auf jeder Seite Zwietracht säende Menschen erwähnt. Als er den Brief schrieb, saß er einem unterirdischen Verließ, mit einem einzigen Licht- und Luftloch über dem Kopf, rechtskräftig als Verräter gegen den römischen Staat verurteilt, und wartete auf seine Hinrichtung. Statt vor Gericht auszusagen und Paulus zu unterstützen, hatte Demas ihn offenbar aus Liebe zu dieser Welt im Stich gelassen. Viele in Asien wandten sich von ihm ab, darunter Phygelus und Hermogenes. Der Stachel von Alexanders Verrat tat noch weh (vgl. 2Tim 1,15; 4,10.14). Wo suchte Paulus in dieser Zeit, in der Menschen ihm den Rücken zugewandt hatten, nach Hilfe? Die Antwort mag überraschen.

Paulus richtet sich mit folgenden Worten an seinen jungen Freund: „Timotheus, meinem geliebten Kind ... voller Verlangen, dich zu sehen ... um mit Freude erfüllt zu werden“ (1,2.4). In erdrückender Isolation, verraten und vergessen von seinen geistlichen Mitarbeitern, sucht Paulus Hilfe in der *Gemeinde.* Sein Brief soll Timotheus ermutigen und leiten, bietet aber auch einen ehrlichen, persönlichen Einblick in das Innere des Paulus, der sich danach sehnt, Timotheus' vertrautes Gesicht und seine fröhliche Gegenwart zu genießen.

In dieser Woche hielt ich eine weitere Predigt vor einer kalten, dunklen Kamera. Kein einziges Gesicht sah mich an. Am Sonntag loggte sich unsere Familie nach dem aufgezeichneten Gottesdienst aus, um Mittag zu essen. Obwohl wir das Wort gehört und Lieder für den Herrn gesungen hatten, blieb ein Gefühl der Entmutigung zurück. Ich hörte ein Hupen, ging hinaus auf den Balkon und blickte hinunter. Unten parkte ein grauer Minivan. Ein lächelndes Gesicht tauchte auf. Peter, mein Freund und Mitältester, rief mir zu: „Hey, wir wollten dich kurz besuchen und ermutigen.“ Seine Familie kletterte aus dem Wagen. Für mich war es ein emotionaler Augenblick, und mir stiegen die Tränen in die Augen. Ich rief meine Familie auf den Balkon hinaus, um mit unseren Freunden unten zu sprechen.

Wenn uns die soziale Isolation etwas gelehrt hat, dann wohl die Tatsache, dass wir füreinander geschaffen sind. Als Paulus isoliert war, sehnte er sich danach, Timotheus zu sehen. In seinem kurzen zweiten Brief an Timotheus erwähnte Paulus 36-mal Menschen *namentlich:* die gleiche Anzahl von Namen wie im Römerbrief, der fünfmal so lang ist. Sein Alter und sein Leiden setzten Paulus eine Brille auf, die ihm eine klare Sicht davon vermittelte, wie wichtig Menschen sind: Timotheus, Lois, Eunike, Pudens, Linus,

Claudia und so weiter. Männer und Frauen, Verantwortliche und Gemeindeglieder. Namen, Gesichter, Geschichten, Leben. Menschen. Einige bereiteten ihm Kummer, andere viel Freude, aber *sie alle* waren wichtig.

Der Apostel Paulus hatte „Verlangen", bzw. er sehnte sich nach Menschen. Mit diesem Wort drückte er nicht nur seinen Wunsch aus, Timotheus zu sehen, sondern auch die Sehnsucht nach der Gemeinde in Rom (2Tim 1,11), nach den Thessalonichern (1Thes 3,6) und den Philippern: „Denn Gott ist mein Zeuge, wie ich mich nach euch allen sehne mit der herzlichen Liebe Christi Jesu" (Phil 1,8). Paulus schenkte vielen Menschen seine Zuneigung, aber Sehnsucht ist etwas Tieferes. Das griechische Wort *epipotheo* drückt nicht nur einen Wunsch aus, sondern eine starke Sehnsucht, ein regelrechtes Verlangen.[4] Paulus hatte nicht nur all die Gemeinden gegründet, er *brauchte* sie. Er wurde nicht nur von jeder Gemeinde unterstützt; zur Gemeinde war eine *tiefe, liebevolle Verbundenheit* entstanden. Er kam den Menschen nahe genug, um Freude an ihnen zu haben: „Onesiphorus ... hat mich oft *erquickt*" (2Tim 1,16; Hervorhebung durch die Übersetzerin). Es ist interessant, wie Menschen der Bedeutung ihres Namens gerecht werden. Der Wortstamm von Onesiphorus bedeutet „einen Nutzen von ihm haben". Er machte seinen Namen alle Ehre und war durch die Gnade Gottes nützlich für andere.

Man kann unter anderem Kraft für den Dienst schöpfen, wenn man ein oder zwei Leute wie Onesiphorus zur Seite hat. Peter ist für mich so ein Mensch. Wir sind ziemlich unterschiedlich. Er

---

4 Anm. d. Übers.: Alle Definitionen griechischer Worte entstammen dem folgenden Wörterbuch: Walter Bauer et al., *Griechisch-deutsches Wörterbuch zu den Schriften des Neuen Testaments und der frühchristlichen Literatur*, 6. völlig neu bearbeitete Auflage (Berlin/New York, 1988).

ist ein begabter Filmemacher, und ich bin Pastor, aber wir lieben beide gute Filme. Gute Freunde haben gute Dinge gemeinsam, aber beste Freunde haben die besten Dinge gemeinsam. Wenn sich zwei Menschen an derselben Wahrheit erfreuen, schweißt sie das irgendwie zusammen. Wir denken oft gemeinsam über Gottes Wort nach und staunen darüber, wer er ist und was er in unserem Leben tut. Aber Peter „erquickt" mich, indem er mir erlaubt, ich selbst zu sein.

Wenn ich Zeit mit ihm verbringe, bin ich nicht Pastor Jonathan. Er weiß, dass das eine Rolle ist, die ich einnehme: eine wichtige, aber nicht die einzige. Er nimmt meine Person als Ganzes wahr und fragt mich nach meinen Interessen und meiner Familie. Mit ihm kann ich frei über meine Probleme sprechen und weiß, dass sie vertraulich behandelt werden. Und wenn wir zusammen ins Kino gehen, um einen Film zu sehen, muss ich nicht „funktionieren". Wenn du keinen Peter hast, bitte Gott um einen. So ein Peter wird dich oft ermutigen und aufrichten.

Auch durch meine Gemeinde werde ich immer wieder aufgerichtet. Während der gemeinsamen Anbetungsstunde am Sonntagmorgen durchflutet mich ein Gefühl der gewaltigen Gegenwart Gottes und seiner unerschütterlichen Zuneigung. Der Geist wirkt in mir durch die Instrumente, die Stimmen, die liturgischen Handlungen und die Gebete der Glaubensgeschwister. Dadurch wird mein menschlicher Geist emporgehoben und meine Freude gesteigert. Bei diesen Gelegenheiten ertappe ich mich dabei, wie ich zum Herrn bete: „Genau deshalb mache ich das hier, Herr. Ich danke dir. Ich will mir deiner Gegenwart mehr bewusst sein."

Aber an anderen Tagen habe ich überhaupt keine Lust, mich mit meinen Geschwistern in der Gemeinde zu treffen. Die

Ausreden springen aus mir heraus wie Tennisbälle aus einer Ballwurfmaschine, jedoch werde ich öfters gerade in diesen Zeiten am meisten von meinen Geschwistern ermutigt. Als ich in einer bestimmten Woche besonders niedergeschlagen war, überlegte ich, ob ich unser Gruppentreffen in der Innenstadt absagen sollte, aber mir fiel kein triftiger Grund ein. Als alle eintrafen, kamen sie mühelos ins Gespräch. Während unserer Gesprächsrunde erklärte ein Ehepaar, das einen schweren Verlust erlitten hatte: „Wir sind so begeistert. Gott ist am Werk! Wir können es überall um uns herum sehen.“ Ich hatte mich so sehr von meinen eigenen Gefühlen entmutigen lassen, dass ich aus den Augen verloren hatte, was Gott um mich herum tat. Manchmal müssen wir uns von den Menschen in unserem Umfeld erquicken lassen, damit unsere Augen für Gottes Wirken geöffnet werden.

Für Paulus war auch die Gemeinde erquickend. Er schrieb an die Römer: „Ich ermahne euch aber, Brüder, durch unseren Herrn Jesus Christus und durch die Liebe des Geistes, mit mir zu kämpfen in den Gebeten für mich zu Gott ... damit ich durch den Willen Gottes mit Freuden zu euch komme und mich mit euch erquicke“ (Röm 15,30.32). Paulus berief sich auf das, was sie verband – den Geist der Liebe und den treuen Sohn – und suchte Erquickung bei der Gemeinde. Hast du diese ewige Verbindung aus den Augen verloren und die Gemeinde oder Kirche auf eine berufliche Verpflichtung reduziert? Hast du dich gegen eine liebevolle Verbundenheit gewehrt oder versäumt, deine Bedürfnisse zu formulieren? Bitte die Gemeinde, für dich zu beten. Lade die Geschwister der Gemeinde ein, an deiner Seite gemeinsam mit dir zu kämpfen. Lass dich nicht nur durch die Gemeinschaft mit Freunden erquicken, sondern auch durch die mit deinen Brüdern und Schwestern in Christus.

Wenn Menschen sich trennen

Wenn wir auf die Gemeinde setzen, um uns erquicken zu lassen, sollten wir jedoch nicht blauäugig oder allzu idealistisch sein. Die gleiche Gemeinschaft, die uns hilft, kann uns auch verletzen. Paulus wurde durch seine Nähe zur Gemeinde auch persönlich verletzt. Er beschreibt einen Besuch in Korinth, der so schmerzhaft war, dass er beschloss, diese Gemeinde nicht mehr zu besuchen. Stattdessen schrieb er ihr einen Brief, „damit ich nicht, wenn ich komme, von denen Traurigkeit habe, von denen ich Freude haben sollte" (2Kor 2,3). Paulus zeigt uns in einer ungeschminkten Art und Weise, was liebevolle Verbundenheit kostet – diejenigen, die uns Freude bereiten sollten, können uns auch wehtun. Er schrieb: „Denn aus viel Bedrängnis und Herzensangst schrieb ich euch mit vielen Tränen" (V. 4). Ein einziger Ausdruck hätte seinen Schmerz deutlich zum Ausdruck gebracht, aber er verwendet drei, um klarzumachen, wie sehr ihn diese Gemeinde verletzt hatte: viel Bedrängnis, Herzensangst, viele Tränen. Eine Gemeinde zu leiten bedeutet, andere so nah an sich heranzulassen, dass man verletzt werden kann.

Ich öffnete mein E-Mail-Programm, sah eine Nachricht von einem Freund aus der Gemeinde und klickte sie voller Freude an. Doch das, was ich las, machte mich fassungslos. Er und seine Familie wollten die Gemeinde verlassen. Gemeindeaustritte sind Teil der amerikanischen Gemeindekultur. Es gibt gute und schlechte Gründe, eine Gemeinde zu verlassen, aber Abwanderungen sind unvermeidlich, besonders in einer mobilen Gesellschaft. Zu Beginn meiner Arbeit als Pastor hatte ich mich noch darüber geärgert, aber schließlich half mir Gott, die Vergänglichkeit zu akzeptieren, die man als Leiter einer städtischen Gemeinde erlebt. Er half mir sogar, diese Fluktuation im Sinne von

Vorsehung zu sehen – Gott legt Zeiten und Orte fest, an denen Menschen leben, damit andere das Evangelium hören können (Apg 17,26-27). Ich begann, das Gehen als Senden zu sehen. Wir dienen den Menschen so lange, wie sie vor Ort sind, und senden sie dann aus, um das Evangelium an den nächsten Ort zu bringen.

Aber nicht alle Austritte sind Aussendungen. Manche sind einfach klare *Trennungen,* und Trennungen tun weh. Was heißt Trennung? Man geht auseinander, als wäre man nie befreundet gewesen, obwohl einst eine gute Freundschaft bestanden hat. Zumindest war ich davon ausgegangen. Dieser Jemand hatte sich an mich gewandt und mich gebeten, mehr Zeit mit ihm zu verbringen. Ich begleitete ihn bei seinen Kämpfen gegen die Sünde und erlebte, wie er zu einem gottesfürchtigen Mann heranreifte, der andere anleitete. Meine Frau und ich verstanden uns sehr gut mit ihm und seiner Frau – eine Seltenheit in einer sich stets verändernden Gemeinde –, und so pflegten wir die Freundschaft mit ihnen. Wir besuchten gemeinsam Konzerte, gingen zusammen essen, verbrachten Zeit miteinander und dienten Seite an Seite in der Gemeinde. Dann bekam ich eine E-Mail – eine E-Mail! –, in der sie ihren Austritt ankündigten. Reden Freunde nicht über solche Dinge? Ich machte einen Termin aus für ein schmerzvolles Treffen.

Ich traf Tom[5] und einen anderen Ältesten im *Merit Coffee Co.,* einem sauberen, städtischen Café mit einladenden Sitzgelegenheiten und hervorragendem Espresso. Nach der verlegenen Begrüßung setzten wir uns zusammen, um über die Gründe für ihren geplanten Gemeindeaustritt zu sprechen. In manchen

5 In dieser Geschichte – wie in den meisten Geschichten in diesem Buch – verwende ich Pseudonyme.

Punkten konnte ich ihn verstehen, in anderen war mir klar, dass ich ihm widersprechen musste. Es war ein ehrlicher Austausch, aber ich ging mit einem mulmigen Gefühl nach Hause. Denn diese unangenehme Trennung war nur eine in einer ganzen Reihe von Trennungen von Freunden, die die Gemeinde verließen. Einige machten bittere Vorwürfe und stießen Beleidigungen aus; andere verschwanden einfach. Es gab kein klärendes Gespräch, nicht einmal eine E-Mail. Einfach „puff“, und weg waren sie. Mein Herz war gebrochen.

Zum ersten Mal in meinem Dienst war ich wirklich versucht, mein Herz zu verschließen. Ich sagte mir, dass ich in Zukunft die Gemeinde lieben, sie beraten, für sie beten und ihr das Evangelium predigen würde, so gut ich konnte, aber ich würde mich nicht mehr mit der Gemeinde *anfreunden*. Freunde würde ich woanders finden. Bis ich Psalm 62,2-3 las: „Nur auf Gott vertraut still meine Seele, von ihm kommt meine Rettung. Nur er ist mein Fels und meine Rettung, meine Festung; ich werde kaum wanken.“

Die ersten drei Worte gingen mir nicht mehr aus dem Kopf: *nur auf Gott*. Das Gefühl von Einsamkeit kannte ich mittlerweile gut, hatte dabei aber nicht wirklich an Gottes Gegenwart gedacht. Ich hatte still gewartet, ich hatte sogar still geschrien, aber nicht an Gott, meinen Retter, gedacht. Manchmal wollen wir Gott plus: Gott plus einen Ehepartner. Gott plus einen Freund. Gott plus eine Arbeitsstelle. Ich wollte Gott minus: Gott minus den Schmerz. Gott minus das Leiden. Gott minus die Verlassenheit. Gott minus Freunde, die mich wie eine geistliche Dienstleistung behandeln: gefragt, wenn ich gebraucht werde – entsorgt, wenn eine bessere Alternative auftaucht. Aber der Heilige Geist zeigt mir: *nur Gott*.

In Gott allein liegt unsere Rettung. Er ist unser Fels und unsere Festung, nicht unsere Freundschaften. Gott sagte mir:

Freundschaft ist keine Festung. Menschen sind nicht dein Schutz. Ich bin deine Sicherheit, ich bin deine Zuflucht, und ich werde dich nie verlassen. Dann las ich: „Vertraut auf ihn allezeit, ihr von Gottes Volk! Schüttet euer Herz vor ihm aus!" (V. 9). Verschließe dein Herz nicht, sondern schütte es vor ihm aus. Ich wusste, dass ich dem Herrn vertrauen konnte, also legte ich ihm mein Herz offen. Ich teilte meinen Schmerz, und er tröstete mich; ich bekannte meine Sünde, und er vergab mir nicht nur, sondern liebte mich auch in meinem Schlamassel. Du kannst ihm jederzeit vertrauen. Es gibt keine besseren Aussichten. *Freundschaft ist keine Festung; Gott dagegen schon* – und zwar eine wunderbare. Gottes Gegenwart ist so zuverlässig, dass sie uns befähigt, uns in den Dienst derer zu stellen, die uns enttäuschen.

Die schmerzliche Erfahrung, die Paulus mit den Korinthern gemacht hatte, war kein Einzelfall. Er beschreibt seine Gerichtsverhandlung in Rom: „Bei meiner ersten Verteidigung stand mir niemand bei, sondern alle verließen mich" (2Tim 4,16). Von jemanden verlassen zu werden ist eine schlimme Situation. Mit diesem Wort beschrieb Jesus in der sechsten Stunde seiner Kreuzigung, dass er sich von Gott *allein gelassen* fühlte (Mk 15,34). Für Gemeindeälteste ist es wichtig, diese Gefühle einem Freund, Ehepartner oder Seelsorger und vor allem Gott gegenüber zu äußern. Paulus verheimlichte nicht, dass er sich verlassen fühlte. Sein Brief ist übersät mit Namen von Menschen, die sich in Luft aufgelöst hatten: Demas, Phygelus und Hermogenes, Hymenäus und Philetus (2Tim 1,15.20; 2,17; 4,10) und Alexander, der Kupferschmied, der ihm „viel Böses erwiesen" hatte (4,14). Es war der letzte Brief, den Paulus schrieb, und er enthielt immer noch solche Zeilen. Verrat schmerzt, auch noch Jahre später.

Aber Paulus verschloss sein Herz nicht vor der Gemeinde, so sehr es auch schmerzte. Er erklärt: „Es werde ihnen nicht zugerechnet!" (4,16). Das ist nicht meine erste Reaktion, wenn ich verraten werde. Ich greife eher zu den nach Gerechtigkeit schreienden Rache-Psalmen. Ich frage mich, ob Paulus das auch tat, als der Hammer fiel und sein Urteil verkündet wurde. Doch er weigerte sich, der Gemeinde aus ihrem Verrat einen Vorwurf zu machen. Er schmorte nicht in Bitterkeit, sondern ließ sich von der Gnade erfüllen. Er klingt wie unser Herr, der von einem blutgetränkten Kreuz aus sagte: „Vater, vergib ihnen, denn sie wissen nicht, was sie tun" (Lk 23,34).

Wie schaffte es Paulus, ihnen ihren Verrat nicht übelzunehmen? Irgendwie wirkt das übermenschlich – weil es das ist. Paulus vergab den Verrätern und hegte keinen Groll gegen sie, weil es eine Person gab, die ihn nicht im Stich ließ: „Der Herr aber stand mir bei und stärkte mich" (2Tim 4,17). Das Wort „stand" ist mit Bedacht gewählt. Niemand setzte sich für Paulus ein, als er vor Gericht stand. Aber als alle anderen gingen, blieb der Herr Jesus. Als falsche Zeugen ihn anklagten, stand Jesus ihm bei und bezeugte seine Treue. Jesus steht auch dir zur Seite. Das ist ihm nicht etwa peinlich. Vielmehr steht er mit Stolz neben seinen treuen Dienern. Jesus bleibt, wenn die Menschen gehen.

Als die Liebe zur Gemeinde Paulus verwundet zurückließ, blieb Jesus bei ihm, um ihn zu verbinden. Jesus dient nicht nur mit Worten. Er dient Paulus auch praktisch. Er beugt sich hinab, um Paulus aufzurichten, und schenkt seinem müden Diener Kraft. Er dient nicht nur dem Paulus, sondern auch uns. Jesus beugt sich zu uns hinab, um uns zu dienen. Wenn wir niedergeschlagen sind, beugt er sich noch tiefer hinab, um uns aufzurichten. Jesus fühlt mit dir, wenn du dich abmühst. Nimmst du seine Kraft an und glaubst du, dass sein Herz für dich schlägt? Lass dich in seine Arme fallen, wenn es sein muss, und lass zu, dass Jesus dir dient!

Paulus war bereit, alles zu ertragen, weil er wusste, dass der Herr mit seinem Geist war (2Tim 4,22). Statt seine Seele einzumauern, sehnte er sich weiterhin mit der gleichen Liebe wie Christus Jesus nach der Gemeinde. Seine Sehnsucht kam nicht aus ihm selbst; sie entsprang der Liebe des Heiligen Geistes, der ihm die Zuneigung Jesu vermittelte. Durch diese enge Verbindung mit Jesus – „Nur auf Gott vertraut still meine Seele“ – empfing Paulus die vollkommene Liebe Gottes nicht nur, sondern er praktizierte sie auch. Dass er verraten und verlassen worden war, sah er als eine Einladung zu einer tiefen Vertrautheit mit dem Geist und dem Sohn an. Wenn wir diese Einladung annehmen, wird *Jesus Christus* die Gemeinde durch uns lieben.

Dankbar beten

Wie hielt Paulus im Dienst bis zum Ende durch? Genau so, wie er diesen von Schmerz geprägten Brief beginnt und beendet – mit Gebet. Er beklagt sich nicht als Erstes darüber, wie schlecht er behandelt worden ist. Er beginnt mit einer Danksagung, weil er es sich zur Gewohnheit gemacht hat, nicht nur über sich selbst nachzudenken. In seinen Gebeten geht es um Menschen und nicht um „Lieber Gott, bring dies oder das wieder in Ordnung“. Stattdessen beginnt er damit, Gott für *konkrete* Personen zu danken. Er dankt für den aufrichtigen Glauben von *Timotheus,* und während er dessen Glauben würdigt, spannt Paulus den Bogen zum Glauben von dessen *Mutter* und *Großmutter*, Eunike und Lois (1,3-5), für die er ebenfalls dankbar ist. Für wen kannst du Gott aktuell danken? Welche Menschen sind dir in dieser Phase deines Dienstes eine Gnade gewesen?

„Glaube“ ist die Abkürzung für das Evangelium.[6] Paulus preist Gott, weil das Evangelium in das Leben dieser Heiligen eingezogen ist. Es blieb keine äußerliche Form – eine bloße Lehre, die man bejaht, oder eine Liturgie, die man einstudiert. Das Evangelium hat in ihnen Raum eingenommen. Diese Art des Glaubens ist anders als das kalte, streitlustige Christentum, das oft auf unseren Bildschirmen karikiert wird. Er ist belebend, warm und lebendig. Christus wirkte *spürbar* im Leben von Lois, Eunike und Timotheus. Kein Wunder, dass Paulus Gott dankbar ist!

Hast du dir schon einmal ein Foto angesehen und gestaunt, was der Fotograf eingefangen hat? Gute Fotografen arbeiten nicht im Eiltempo. Sie sind aufmerksam. Mit weit geöffneten Augen nehmen sie ihre Umgebung wahr, um das einzufangen, was in einem bestimmten Moment geschieht. Wenn wir für Menschen beten wollen, müssen wir unser Leben entschleunigen und wahrnehmen, was Gott in ihnen tut. Wenn wir voller Dankbarkeit für die Gemeinde beten wollen, müssen wir die Menschen wirklich wahrnehmen, statt ihnen nur zu dienen.

Das Gebet ist eine Gelegenheit für Nahaufnahmen. Dankbarkeit richtet den Fokus auf das, was Gott tut, und preist ihn

---

6 Paulus verwendet die Begriffe „Glaube“ und „Evangelium“ oft synonym: „... sofern ihr im Glauben gegründet und fest bleibt und euch nicht abbringen lasst von der Hoffnung des Evangeliums, das ihr gehört habt, das in der ganzen Schöpfung unter dem Himmel gepredigt worden ist, dessen Diener ich, Paulus, geworden bin“ (Kol 1,23). Hier ermahnt er die Christen, dem Inhalt des Evangeliums bzw. dem Glauben zu vertrauen und auszuharren. Manchmal betont er jedoch mit dem Begriff „Glauben“ nicht das Evangelium, an das wir glauben, sondern unseren Glauben an das Evangelium: „Wandelt nur würdig des Evangeliums des Christus, damit ich, sei es, dass ich komme und euch sehe oder abwesend bin, von euch höre, dass ihr fest steht in einem Geist und mit einer Seele zusammen für den Glauben des Evangeliums kämpft“ (Phil 1,27).

dafür. Wenn ich mit einer kleinen Gruppe von Menschen bete, bin ich oft bewegt, wenn ich höre, wie jemand Gott für eine bestimmte Eigenschaft eines anderen Menschen lobt. Solche Leute nehmen den Charakter Gottes in anderen Menschen wahr und rühmen Gott dafür. Ich sehe andere durch ihre Brille, und das berührt meine Seele. Eugene Peterson sagt: „Danken ist eines der attraktivsten Dinge, die wir tun können." Aber es ist nicht *nur* attraktiv; es zieht uns auch zu Gott. Dankbar für andere zu beten führt dazu, dass wir sie und den Gott, dem sie dienen, zu schätzen wissen. Wie Peterson sagt: „Gott zu loben ist unsere beste Arbeit."[7]

Gott zu loben ist einfach, wenn man für die Gerechten betet, aber was ist mit dem Gebet für kritische Zeitgenossen? Paulus rät den Ältesten, Böses geduldig zu ertragen und Widersacher mit Sanftmut zu korrigieren (2Tim 2,24-25). Ich wüsste nicht, wie ich das tun könnte, außer durch Gebet. Wenn ich nicht für meine Kritiker bete, ist es viel einfacher, den Fehler auf ihrer Seite zu suchen und sie zu verurteilen, als geduldig und sanftmütig zu sein.

Während einer ungewöhnlich spannungsgeladenen Zeit in unserer Gemeinde begann eine kleine Gruppe progressiv eingestellter Menschen, meine Predigten zu kritisieren. Sie rissen oft Worte aus dem Zusammenhang, verdrehten die von mir beabsichtigte Bedeutung und fühlten sich von mir angegriffen. Ich traf mich mit ihnen, um sie besser zu verstehen und zu erfahren, was sie von mir wollten. Ich ließ wütende, irrationale E-Mails über mich ergehen, aber die Kritik hörte einfach nicht

---

7 Eugene Peterson, *This Hallelujah Banquet: How the End of What We Were Reveals Who We Can Be* (Waterbrook Press, 2021), S. 15–16.

auf. Infolgedessen achtete ich sehr genau darauf, wie sich die Wahl meines Predigtvokabulars auf diese Gruppe auswirken könnte. Es war frustrierend, auf die Kanzel zu gehen und zu wissen, dass die Leute meine Worte missverstehen und falsch auslegen würden, statt sich zu bemühen, das Wort Gottes zu verstehen und zu schätzen.

In dieser Zeit kamen mir beim morgendlichen Zähneputzen die Gesichter meiner Kritiker in den Sinn, und ihre Sticheleien und kritischen Bemerkungen liefen in meinen Gedanken in einer Endlosschleife. Jedes Mal, wenn mir eine Person einfiel, hatte ich die Wahl: in den Ring zu steigen und meine Meinung in einem imaginären Schlagabtausch zu verteidigen, oder für diese Person zu beten. Ich lernte schnell, dass mir das Einüben von Gegenargumenten keine Sympathien einbrachte, also begann ich jedes Mal, wenn mir ein Gesicht in den Sinn kam, für diese Person zu beten. Ich betete, dass diejenigen Buße tun und keine Spaltung verursachen würden, aber auch, dass sie die herzergreifende Liebe Jesu erfahren würden.

Ich habe gelernt, dass es nicht ausreicht, einmal für eine Person zu beten, sondern dass ich jedes Mal, wenn sie mir in den Sinn kam, für sie beten musste, weil ich diese Person ansonsten innerlich ablehnen und bitter werden würde. Aber das Gebet für meine Kritiker machte mich sanfter und geduldiger. Es erweichte mein Herz ihnen gegenüber, und ich weiß, dass Gott jedes Gebet erhört hat. Natürlich war es nicht mein Gebet, das mich verändert hat. Es war Jesus, der mir beigestanden, mich gestärkt und mich gelehrt hat, es ihnen nicht anzurechnen. Es ist schwer, diejenigen zu hassen, die wir im Gebet zum Herrn der Liebe tragen.

Unaufhörlich beten

Auch Paulus lehrt uns, ständig zu beten: „... wie ich unablässig deiner gedenke in meinen Gebeten Nacht und Tag" (1,3). Er betete die ganze Zeit, zu jeder Zeit. Jetzt könnte man natürlich einwenden: Was hätte Paulus im Gefängnis auch sonst tun sollen? Aber wenn man darüber nachdenkt, ist es eigentlich sehr bemerkenswert, dass er so viel für andere betete statt für seine eigene Situation. Wenn ich mich einsam und verletzt fühle, fallen mir nicht als Erstes meine Mitmenschen ein. Ich neige eher dazu, mich um mich selbst zu drehen. Aber hier ist Paulus, der im Gefängnis lebt und *für andere betet*. In einem Kommentar steht: „Sein ganzes waches Wesen war von einem Geist der Fürbitte durchdrungen."[8] Das gefällt mir sehr. So möchte ich leben – mit jedem Atemzug auf Christus ausgerichtet und betend von ihm abhängig.

Beständiges Gebet kann schwierig sein, besonders in hektischen Zeiten mit viel Spaltungspotenzial. Ein Grund, warum uns das schwerfällt, wurde schon vor fast 20 Jahren in der Zeitschrift *Wired* vorausgesagt, als Michael Goldhaber, „der Internetprophet, von dem Sie noch nie gehört haben", prophezeite, dass das Internet uns mit einer Informationsflut überschwemmen und unsere Aufmerksamkeit so sehr einschränken wird, dass sich eine „Aufmerksamkeitsökonomie" herausbilden wird.[9] Er sagte ferner voraus, dass uns, wenn diese Ökonomie ausreift, ihr „steigender Anspruch an unsere begrenzte Aufmerksamkeit davon abhalten wird, zu reflektieren oder tiefgründig nachzudenken".[10]

---

8 Bryan Chapell, *1–2 Timothy and Titus* (Crossway, 1998), Pos. 3024.

9 Charlie Warzel, „I Talked to the Cassandra of the Internet Age", *New York Times,* 4. Februar 2021.

10 Michael Goldhaber, „Attention Shoppers!", *Wired,* Dezember 1997; https://www.wired.com/1997/12/es-attention/

Das Gebet erfordert Nachdenken; unser Alltag besteht aber oft aus spontanen Reaktionen. Was machst du morgens nach dem Aufwachen als Erstes? Denkst du nach, oder informierst du dich über die Nachrichten des Tages? Wenn du an einer Ampel anhältst, denkst du dann über den Tag nach, oder guckst du auf dein Handy, das in Reichweite liegt? Hörst du während der Fahrt einen Podcast oder deine Playlist oder betest du für andere? Checkst du Instagram, Twitter oder Facebook, während du in der Warteschlange stehst? Wenn du ins Bett gehst, denkst du dann nach, betest oder beschäftigst dich mit *Doomscrolling*[11]? Kein Wunder, dass es uns schwerfällt, ohne Unterlass zu beten. Wir sind zu sehr damit beschäftigt, uns unsere Aufmerksamkeit stehlen zu lassen.

Wie können wir unsere Aufmerksamkeit zurückerobern, um wachsam zu beten? Ich finde es hilfreich, den digitalen Input abzuschalten, um Raum für geistlichen Input zu schaffen. Schaffe Raum für Erinnerungen und *verwandle diese Erinnerungen in Gebete.* Als Paulus sich an Timotheus erinnerte, machte er aus seinen Erinnerungen ein Gebet. Wenn dir jemand in den Sinn kommt, während du irgendwo wartest oder eine freie Minute hast, dann bete für ihn oder sie. Wenn du dich nach Gemeinschaft sehnst, bete für die Menschen in deinem Umfeld. Wenn du denkst: „Ich vermisse Soundso“, halte inne und bete für diese Person. Verlier dich nicht in nostalgischen Gedanken oder Fantasien. *Gehe dieser Erinnerung im Gebet nach.*

Wenn ich im Laufe des Tages veranlasst werde, für jemanden zu beten, schicke ich dieser Person gelegentlich eine Textnachricht. Sehr oft erhalte ich dann die Antwort, dass diese Nachricht

---

11 Anm. d. Übers.: Als *Doomscrolling* bezeichnet man das starke Konsumieren negativer Internetinhalte, obwohl man durch sie spürbar trauriger und ängstlicher wird, sich entmutigen lässt oder sogar Depressionen bekommt.

genau im richtigen Moment kam. Gewöhne dir an, aus Erinnerungen Gebete zu machen, und du wirst feststellen, dass du ständig betest.

Den Hirtendienst mit Vollmacht ausführen

Aus einer Umfrage der Barna-Gruppe geht hervor, dass im Jahr 2021 38 % der protestantischen Pastoren „ernsthaft darüber nachdachten, aus dem Vollzeitdienst auszusteigen".[12] Viele legten ihr Amt nieder. Alle Verantwortlichen in Gemeinden hatten irgendwelche Probleme. Woher nehmen wir die Kraft, andere Menschen durch Zeiten voller Spaltungen hindurchzuführen?

Dienst der Bestätigung

Um Timotheus in dieser Zeit voller massiver Konflikte zu helfen, bestätigt Paulus seinen Schüler, indem er ihm sein Vertrauen ausspricht: „Denn ich erinnere mich des ungeheuchelten Glaubens in dir, der zuerst in deiner Großmutter Lois und deiner Mutter Eunike wohnte, *ich bin aber überzeugt, auch in dir*" (1,5; Hervorhebung des Autors). Das ist keine leere Floskel. Er lobt den lebendigen, innewohnenden Glauben von Timotheus' geliebter Mutter und Großmutter und nennt dann im gleichen Atemzug Timotheus!

Im Laufe der Jahre sagten mir Mentoren, für die ich großen Respekt empfinde, fünf einfache, aber wirkungsvolle Worte: „Ich bin stolz auf dich." Diese Worte sind mir wichtig geworden – aber nicht, weil es darum geht, dass ich so toll bin, sondern weil die Bestätigung von jemandem kommt, den ich respektiere. Die Bestätigung ist besonders stark, wenn sie von Menschen kommt,

12 Barna Research Group, „38 % of U.S. Pastor Have Thought About Quitting Full-Time Ministry in the Past Year", 2021; https://www.barna.com/research/pastors-well-being/ (abgerufen am 9. März 2022).

die wir bewundern. Mentoren, die uns weit überragen, ziehen uns mit ihren Worten hoch.

Ihre Anerkennung ist umso bedeutender, wenn sie mit dem Wirken Gottes in unserem Leben verbunden ist. Schließlich wollen wir nicht der Lieblingsgemeindeleiter der Menschen sein, sondern den König der Könige und den Herrn der Herren ehren und ihm gefallen. Paulus bringt diese Bestätigung des Evangeliums auf den Punkt, als er sagt: „Ich bin aber überzeugt, [dass dieser Glaube] auch in dir [wohnt]". Er verwendet das Perfekt „Ich bin überzeugt [worden]"[13] („ich bin sicher") und sagt damit: *Ich war überzeugt, ich bin jetzt überzeugt und werde weiterhin überzeugt sein, dass das Evangelium in dir lebendig ist!* Es ist so kraftvoll, Worte wie diese zu hören, wenn wir in einem Strudel von kritischen Äußerungen ertrinken. Wenn du also jemanden siehst, der den Herrn ehrt und ihn erfreut, sage ihm, dass du stolz auf ihn bist. Beschreibe dieser Person, was Gott durch diesen Dienst bewirkt hat. Wenn es keinen Mentor in deinem Leben gibt, suche dir einen und sage ihm, dass du sowohl Bestätigung als auch konstruktives Feedback suchst. Wenn dein Leitungsteam es versäumt, andere in ihrem Dienst zu bestätigen, musst du vielleicht mit gutem Beispiel vorangehen und es den anderen vormachen.

Darf ich dich an dieser Stelle ermutigen? Das Verrückte an der von Paulus vorgebrachten Bestätigung ist eigentlich, dass Timotheus als Leiter gar kein so toller Hecht war. Ihm fehlten einige typische Führungsqualitäten. Er war nicht kühn und mutig, sondern ängstlich und zaghaft. Doch obwohl Timotheus

---

13 Anm. d. Übers.: Im Grundtext wird hier die Zeitform Perfekt Passiv verwendet, was in der deutschen Übersetzung nicht deutlich wird.

noch an einigen Punkten zu arbeiten hatte, wusste Paulus, dass diese Probleme nicht sein wahres Ich widerspiegelten. Er wusste, dass der echte, wiedergeborene Timotheus vom Evangelium erfüllt war. Und dieses Evangelium sagt uns, dass *Gott* – der Schöpfer von Quarks und Strings und Atomen, von Schwerkraft und schwarzen Löchern und Galaxien und atemberaubenden Sonnenuntergängen – auch dich so sehr liebt, dass er sich entschieden hat, an deiner Stelle zu sterben und über deinen größten Feind zu triumphieren. Gott ist derjenige, der *dich* bis zum Tod verteidigt.

Das Evangelium bestätigt uns sogar noch tiefgreifender. Die gute Nachricht ist, dass Gott in dir wohnt. Ja, du bist der Ort, an den Gott sich zurückziehen und wo er Zeit verbringen will. Er wohnt nicht nur in allen anderen Heiligen, sondern auch in dir persönlich. Der Heilige – *Heilige* – Geist hat sich entschieden, seine Behausung in dir zu haben (Eph 2,22). Er beansprucht für sich, die vertrauteste Stelle in unserem Leben einzunehmen, und tut dies ohne Reue. Atme tief ein und vergegenwärtige dir diese himmlische Bestätigung.

Dienst der Zurechtweisung

Wenn wir uns abrackern, brauchen wir manchmal mehr Zurechtweisung als Zuspruch. Angesichts der Kritiker, die ihm im Nacken saßen, hätte Timotheus leicht darüber grübeln können, was sie von ihm dachten, und sogar in Angst vor ihrer Meinung leben können. Doch Paulus ermahnt Timotheus: „Aus diesem Grund erinnere ich dich, die Gnadengabe Gottes anzufachen, die in dir durch das Auflegen meiner Hände ist. Denn nur Gott hat uns nicht einen Geist der Furchtsamkeit gegeben, sondern der Kraft und der Liebe und der Zucht“ (2Tim 1,6-7). Er erinnert

Timotheus an eine Gabe, die so mächtig ist, dass sie die Furcht verdrängt und zur Liebe drängt.

Von welcher Gabe spricht er hier? Paulus könnte sich auf eine Geistesgabe oder Timotheus' „Dienstantritt" beziehen. Allerdings sagt er, dass die Gabe „in" Timotheus und nicht „mit" ihm ist und dass es eine Gabe ist, die durch Handauflegung in ihn kam. Wenn Paulus in der Apostelgeschichte Menschen die Hände auflegte, empfingen sie den Heiligen Geist. Wenn Paulus also befiehlt, die „Gnadengabe Gottes anzufachen", dann ermahnt er Timotheus zu sein, wer er tatsächlich ist – nämlich der vom Geist Gottes erfüllte Timotheus, der „nicht einen Geist der Furchtsamkeit [hat], sondern der Kraft und der Liebe und der Zucht".[14]

Der alte Timotheus wird von Angst, Furchtsamkeit und Selbstzweifeln bedrängt, aber der vom Geist erfüllte Timotheus ist mit Kraft, Liebe und Selbstbeherrschung ausgestattet, um für das Evangelium zu leiden. Paulus will im Grunde damit sagen: *Nicht deine Kritiker definieren, wer du bist. Nicht deine Gefühle der Angst und Besorgnis haben das letzte Wort. Was dich definiert, ist der, der in dir lebt! Du bist ein aus dem Tod auferstandenes, vom Geist bewohntes Kind Gottes.* Wir haben alles, was wir brauchen, um andere durch schwierige Zeiten hindurchzuführen; wir müssen nur die Flamme anfachen.

Wie machen wir das? Das Wort für „anfachen" (V. 6) setzt sich aus zwei griechischen Wörtern zusammen: eines für „Leben"

---

14 Was den paulinischen Gebrauch von „nicht ... sondern" betrifft, stellt Fee fest, dass Paulus etwas, das dem Heiligen Geist nicht entspricht, etwas gegenüberstellt, das ihm entspricht. Fee schreibt: „Paulus wollte also in etwa Folgendes ausdrücken: ‚Denn als Gott uns seinen Geist gab, empfingen wir nicht Furchtsamkeit, sondern Kraft, Liebe und Selbstdisziplin.'" Gordon Fee, *1 & 2 Timotheus, Titus* (Baker, 2017), S. 227.

und das andere für „Feuer". Das Feuer des Geistes ist keine zerstörerische Flamme, sondern eine lebenspendende Kraft, die Wärme und Licht in unsere Seelen bringt. Es bedeutet „neu entfachen". Ist die Glut in deiner Seele fast erloschen? Nimm dir etwas Zeit, um das Feuer des Geistes anzufachen.

Wenn ich das Feuer in meinem Kamin neu entfachen möchte, suche ich nach einer Stelle unter den Holzscheiten, um in die Glut zu pusten. Vielleicht musst du in deinem Tagesablauf Freiräume schaffen, um den Geist „anzufachen". Das kann bedeuten, dass du einen Spaziergang machst und mit Gott über deine Herausforderungen und deinen Kummer sprichst. Vielleicht musst du aber auch ein weiteres Holzscheit in das Feuer werfen. Das kann bedeuten, dass du dir eine Bibelstelle aufs Herz legst und dafür betest, dass sie Feuer fängt. Aber lege nicht zu viele Bibelzitate auf, sonst erstickst du das Feuer. Lass deiner Seele Luft zum Atmen. Thomas Watson warnt: „Allzu oft gehen wir mit kaltem Herzen vom Wort Gottes weg, weil wir es versäumen, unsere Seelen am Feuer des Nachsinnens zu erwärmen."[15] Wenn wir die Gabe des Geistes anfachen, strecken wir uns bewusst danach aus, vom Geist anzunehmen, wer wir in Christus sind.

Ein unerschütterlicher Leiter bleibt auch in der Not standhaft, indem er Freundschaften knüpft, die ihn erquicken. Er weiß aber auch, dass die Freundschaft keine Festung ist, denn Gott ist unsere Zuflucht. Unerschütterliche Hirten bleiben beständig im Gebet. Sie sind voller Dankbarkeit, hören auf berechtigte Kritik, konzentrieren sich aber auf die Zeichen von Gottes Güte. Sie

15 Thomas Watson, „How We May Read the Scriptures with Most Spiritual Profit" in *Puritan Sermons* (1674; Nachdruck, Richard Owen Roberts, 1981), Bd. 2, S. 62.

halten sich bei Überschwemmung über Wasser, indem sie sich an die Zusagen des Evangeliums klammern und auf Ermahnungen hören, indem sie den Worten Gottes mehr Gewicht geben als den Worten ihrer Kritiker und indem sie sich dafür entscheiden, aus der Kraft und in der Gegenwart des Heiligen Geistes zu leben.

Standhaft leiten

Ein unerschütterlicher Hirte navigiert durch Zeiten voller Spaltungen, indem er:

- erquickende Freundschaften entwickelt.
- sich daran erinnert, dass Freundschaft keine Festung ist, sondern dass Gott unsere Zuflucht ist.
- das Gebet nutzt, um sich auf Gottes Güte zu konzentrieren und Dankbarkeit auszudrücken.
- Erinnerungen in Gebete und Gedankenbilder in Fürbitte verwandelt.
- den Zuspruch und die Ermahnung des Evangeliums weitergibt und empfängt.
- die Flamme des innewohnenden Geistes anfacht.

2.

Fragen an den christlichen Glauben

Im Theologiestudium am Bibelseminar wurde ich darin geschult, Fragen wie diese zu beantworten: Ist die Bibel zuverlässig? Ist Jesus wirklich von den Toten auferstanden? Sind Wunder wirklich möglich? Letztlich wird immer dieselbe wichtige Frage gestellt: Ist das Christentum *wahr?* Heute stellen die Menschen jedoch oft andere Fragen. Mein Freund, der sich zum gleichen Geschlecht hingezogen fühlt, denkt über das Zölibat nach und fragt sich: „Will Gott, dass ich einsam bin und ohne Liebe lebe?" Ein frustrierter Farbiger verkündet: „Es reicht nicht, das Evangelium zu predigen. Wir brauchen Gerechtigkeit!" Eine Frau in meinem Hauskreis fragt: „Warum wirkt es so, als sei die Gemeinde frauenfeindlich?" Eigentlich fragen sie: Ist die Bibel sexistisch? Ist das Christentum rassistisch? Ist die Gemeinde homophob?

Diese drei Themen – Sexualität, Rasse und Geschlecht – sind *die* aktuellen Themen unserer Zeit.[16] Jedes dieser Themen wurde durch ein blitzartiges Ereignis ausgelöst, und alle ereigneten sich innerhalb von fünf Jahren, was eine enorme Belastung

16 Hilfreiche Informationsquellen zu diesen Themen, von kompakt bis ausführlich, sind: Rebecca McLaughlin, *Das neue Credo: Fünf säkulare Glaubenssätze im Test* (Christliche Verlagsgesellschaft, 2023); Kathy Keller, *Jesus, Justice, and Gender Roles* (Zondervan, 2014); Thaddeus J. Williams, *Confronting Injustice without Compromising Truth* (Zondervan, 2021); Esau McCaulley, *Reading While Black* (IVP [US], 2020).

für die Verantwortlichen in den Gemeinden darstellte.[17] Doch hinter diesen Fragen verbirgt sich eine noch tiefere Frage: Ist das Christentum *gut?* Die Menschen wollen wissen, ob das neue Leben, das der christliche Glaube bietet, tatsächlich ein gutes Leben ist.[18]

Welche Antworten können wir geben?

Seelsorgerliche Apologetik

Auf kontroverse Themen können wir mit Buchempfehlungen reagieren, aber diese Themen sind eigentlich sehr persönlicher Natur. Wir können mit prägnanten Einzeilern antworten, aber dafür sind diese Themen zu komplex. Wir können unser Glaubensbekenntnis aktualisieren, aber die Anwendung der auf dem Papier gut klingenden Lehraussagen ist in der Praxis oft schwieriger. Wenn Fragen zu den Ansichten unserer Gemeinde über die Rolle der Frau im Dienst, über Rassismus und sexuelle Orientierung aufgeworfen werden, versuche ich, mich selbst daran zu erinnern, dass sich hinter der oft aggressiv formulierten Frage eine tiefe Unsicherheit verbirgt, nämlich: Ist der christliche Glaube gut?

Auch wenn kulturelle Bedenken biblisch fundierte theologische Antworten erfordern, sollte unsere Reaktion darüber hinaus einen greifbaren Beweis dafür bieten, dass der christliche

---

17 In den USA wurde der christliche Glaube durch drei nationale Ereignisse auf den Prüfstand gestellt: den Fall *Obergefell vs. Hodges* am Obersten Gerichtshof in Bezug auf die Homo-Ehe im Jahr 2015, den *Women's March* für die Gleichstellung der Geschlechter im Jahr 2017 und den Mord an George Floyd im Jahr 2020.

18 In Kapitel 5 untersuche ich, wie Gefühle unser Verständnis von Güte verzerrt haben und wie wir auf diese Verzerrung reagieren sollten.

Glaube gut ist.[19] Wir müssen auch *seelsorgerlich* reagieren und nicht nur darauf achten, *was* wir sagen, sondern auch *wie* wir es sagen. Auch unsere Art zu antworten kann das Gute am christlichen Glauben widerspiegeln.

Wenn heikle Fragen auftauchen, reagierst du dann eher hitzig oder freundlich? Wenn sich Gemeindeglieder beschweren, reagierst du abweisend oder zugewandt? Hörst du wirklich zu und verkörperst in deiner Antwort die Güte Christi? Die Menschen brauchen mehr als apologetische Schlagworte, Buchempfehlungen und wohlformulierte Glaubensbekenntnisse. Sie brauchen Führungspersönlichkeiten aus Fleisch und Blut, die den Charakter Christi besitzen und solche Themen sorgfältig abwägen. Sie brauchen *seelsorgerliche* Apologetik.

Die seelsorgerliche Apologetik verbindet eine vernünftige, biblische Antwort auf ein Problem mit einem barmherzigen und gewinnenden Geist. Sie verkörpert sowohl die Wahrheit *als auch* die Güte des Evangeliums. Während Timotheus eine Gemeindespaltung ertragen musste, erhielt er diese eindeutigen Worte: „Ein Knecht des Herrn aber soll nicht streiten, sondern gegen alle milde sein, lehrfähig, duldsam" (2Tim 2,24-25). Wenn wir an Jesus und nicht an die öffentliche Meinung gebunden sind, werden wir sein Wort auf diese Weise lehren: mit Freundlichkeit, Geduld und Sanftmut. *Das* ist seelsorgerliche Apologetik.

19 Es gibt hauptsächlich drei Möglichkeiten, wie man diese Frage beantworten kann. Man kann sie theologisch beantworten, indem man die Heilige Schrift zu Rate zieht; man kann sie soziologisch beantworten, indem man kaputte kulturelle Ausdrucksformen des Glaubens, die nicht dem wahren Christentum entsprechen, dekonstruiert; und man kann sie seelsorgerlich beantworten, indem man in seiner Antwort die Güte und Liebe Christi verkörpert. Wenn wir nur theologische und soziologische Antworten geben, versagen wir in der Seelsorge am ganzen Menschen.

Als Diener des Herrn sollten wir den Inhalt *und* die Güte des Evangeliums verteidigen.

Wie sieht eine solche seelsorgerliche Apologetik in der Praxis aus? Sie ist Tugend in Aktion: Freundlichkeit beim Argumentieren, Geduld angesichts des Bösen, Sanftmut beim Zurechtweisen. Oft entscheiden wir uns entweder für Taten oder für Tugend: Zurechtweisung, Belehrung und Diskussionen oder Freundlichkeit, Geduld und Sanftmut. Je nach unserer Veranlagung neigen wir dazu, entweder den Glauben zu verteidigen oder dem Menschen seelsorgerlich zu begegnen. Aber Paulus ruft uns zu beidem auf: zur seelsorgerlichen Apologetik. Wir sollen freundlich sein, und zwar nicht nur zu denen, die wir mögen, sondern auch zu denen, die schwierig sind. Wir sollen lehrfähig sein, und zwar nicht nur, wenn wir gelobt, sondern auch, wenn wir angefeindet werden. Wir sollen die Belehrbaren korrigieren und sanft mit den Stolzen umgehen. Das ist die eigentliche – und sogar wesentliche – Herausforderung: aktives Handeln und Tugendhaftigkeit zu kombinieren, wenn es hitzig zugeht. *So* geht Führung in angespannten Zeiten.

Freundlich, nicht streitsüchtig

„Freundlich, nicht streitsüchtig“ – das erinnert mich an eine Situation, in der sich ein Ältester unserer Gemeinde mit einem sehr verärgerten Ehepaar traf. In der Schilderung ihrer Bedenken beurteilten die beiden den Ältesten falsch und stellten die Gemeinde falsch dar. Es schien, als wollten sie ihre Beziehung zur Gemeinde absichtlich sabotieren. Statt sich zu verteidigen, konzentrierte sich der Älteste in aller Ruhe auf das eigentliche Problem. Er bat das Paar, ihm mit einer „Liebe, die alles erträgt“ zu begegnen. Seine unerschütterliche Freundlichkeit war wie die Hand eines Neo vor einem Kugelhagel. Persönliche Angriffe drangen nicht durch und fielen harmlos zu Boden.[20]

Paulus setzt voraus, dass Streit entstehen kann, aber er besteht darauf, keinen streitsüchtigen Geist aufkommen zu lassen. Bei Konflikten müssen wir miteinander reden oder sogar diskutieren, aber auf freundliche Weise. Oft entscheiden wir uns jedoch dafür, entweder streitsüchtig *oder* nett zu sein. Wir verteidigen vielleicht die Wahrheit, opfern dafür aber den Frieden; oder wir stiften Frieden und opfern dafür die Wahrheit. Aber wenn wir das eine dem anderen vorziehen, verlieren wir den Geist Jesu. Wir geben uns mit Aggressivität oder Nettigkeit zufrieden.

Dr. Barry Corey, Präsident des *Biola College,* verdeutlicht den Unterschied zwischen Aggressivität und Nettigkeit: „Während Aggressivität einen festen Kern und harte Kanten hat, hat Nettigkeit weiche Kanten und einen schwammigen Kern. Nettigkeit mag angenehm sein, aber es fehlt ihr an Überzeugung. Sie hat keine Seele. Nettigkeit setzt die Segel nach den vorherrschenden kulturellen Winden und wandert ziellos umher, steht für nichts ein und fällt dadurch auf alles herein."[21] Ein Diener des Herrn besitzt einen festen Kern mit weichen Kanten und einen freundlichen, nicht streitsüchtigen Geist.

Wie konnte der Älteste so freundlich reagieren? Er war gütig, weil ihm Christus in diesem Moment wichtiger war als sein eigenes Ansehen. Sein Ziel war nicht zu gewinnen, sondern zu

---

20 Das ist eine Anspielung auf eine Szene in dem Film *Matrix Reloaded* (2003). In dieser berühmten Szene stoppt die Hauptfigur Neo einen auf ihn zufliegenden Kugelhagel, indem er sich die Hand vor den Körper hält und die Kugeln in der Luft schweben lässt.

21 Barry Corey, *Love Kindness: Discover the Power of a Forgotten Christian Virtue* (Tyndale Momentum, 2016), S. XX.

lieben. Er hielt an der Wahrheit fest, weil er nicht Sklave der Meinung des Paares war. Er demonstrierte eine verblüffende Freundlichkeit, weil er als Diener des Herrn handelte. Er wusste, dass er seinem feindseligen Bruder und seiner Schwester am besten dienen konnte, indem er dem Herrn in Wort und Tat diente. Als Knecht Christi strebte er danach, „ob ihnen Gott nicht etwa Buße gibt“ (2Tim 2,25). Seine christusgemäße Antwort demonstrierte eindrücklich, wie gut der christliche Glaube ist.

Geduld angesichts des Bösen

Wann auch immer man als Gemeinde zusammenkommt, ist das Böse nicht fern. An manchen Sonntagen, wenn ich auf meinem Platz sitze und mich zum Gebet neige, meine ich geradezu zu spüren, wie feurige Pfeile auf die Gemeinde niedergehen. In meinen Gedanken entsteht das Bild eines riesigen, unsichtbaren Fingers, der auf mich zeigt. Verurteilende Worte fallen mir ein: *XY wird dir kein Wort glauben. Diese Predigt taugt nichts.* An manchen Tagen spüre ich, Gott sei Dank, überhaupt nichts Böses. Aber der Versucher ist immer auf dem Vormarsch.

Ein guter Leiter ist sich der Fallstricke bewusst, in denen sich diejenigen verheddern könnten, die er führt. Er predigt nicht nur irgendeinen Bibeltext oder was gerade in den Schlagzeilen steht, sondern belehrt *seine* Gemeinde. Er hält Ausschau nach dem Bösen, das seine Herde bedrängen könnte. Dabei kann es sich um verdrehte Vorstellungen über Rasse, Geschlecht oder Gender handeln, aber auch um Angst, Verdammnis oder das Okkulte. Was auch immer das Problem ist, unsere Aufmerksamkeit sollte sich nicht darauf beschränken, unheilvolle Einflüsse anzuprangern.

Ein *geduldiger* Leiter hält die sich abmühenden Heiligen von bösen Fallstricken fern. Er weiß, dass diejenigen, die dem Bösen auf den Leim gehen, mehr sind als nur die Summe ihrer Sünden. Er entscheidet sich, sie als Jünger zu sehen, die Anleitung brauchen – verirrte Schafe, die einen Hirten brauchen. Folglich predigt er gegen die Sünde, aber für den Sünder. Er stemmt die Falle auf, während er Menschen den Weg in die Freiheit weist. Das ist eine große Belastung für den Leiter – Geduld angesichts des Bösen ist nicht leicht –, aber es lohnt sich für die Freiheit auch nur einer einzigen Seele.

Bobby ist ein stämmiger, 1,90 m großer Mann mit einem Haufen Problemen. Als er das erste Mal unsere Gemeinde betrat, setzte er sich in die vorderste Reihe. Er trug ein grün-weißes Eishockeytrikot. Sein strähniges weißes Haar und seine düstere Miene stachen hervor. Ich fühlte mich sofort veranlasst, im Stillen für ihn zu beten. Später erfuhr ich, dass er völlig pleite war und in seinem Auto lebte. Innerhalb weniger Monate, in denen er das Evangelium hörte und in unsere christliche Gemeinschaft eintauchte, hellte sich seine Miene auf. Er fand einen Job und eine Wohnung, aber vor allem fand er zu Christus.

Ein paar Jahre später beobachtete ich, wie einige Menschen unserer Gemeinde in alte Sünden abrutschten, und so beschloss ich, über die Gefahren des Rückfalls zu predigen. Ich forderte die Gemeinde auf, ihrer wahren Identität zu entsprechen und als Gottes neue Schöpfung zu leben. Danach traf ich draußen auf Bobby. Er sah verwirrt und niedergeschlagen aus. Er erzählte, dass er in den Okkultismus zurückgefallen sei, Tarotkarten und Handleser konsultiert habe und auf der Suche nach einem spirituellen Durchbruch sei. Ich hatte keine Ahnung von seiner okkulten Vergangenheit gehabt, aber der Heilige Geist wusste es.

Er machte mich auf die bösen Fallen vergangener Sünden aufmerksam, damit sich die Betroffenen befreien konnten. Bobby entkam in dieser Woche dem Fallstrick des Bösen.

Manchmal bedeutet Geduld mit dem Bösen, sich im Gebet gegen dessen Präsenz zu wehren. Zu anderen Zeiten bedeutet es, einfach dem Heiligen Geist gehorsam zu sein und sich nicht um das auflauernde Böse zu scheren. Es kann auch bedeuten, die Auswirkungen der neuesten Schlagzeile zu ertragen, ohne sich darin verwickeln zu lassen, oder unbegründete Kritik von parteiischen Gemeindegliedern zu ertragen, sich nicht in politische Debatten hineinziehen zu lassen oder den Spott von Verschwörungstheoretikern zu ertragen, während man sich weigert, sich im Labyrinth von YouTube-Videos zu einem Thema zu verlieren. Paulus sagt weise: „Aber die törichten und ungereimten Streitfragen weise ab, da du weißt, dass sie Streitigkeiten erzeugen!" (2Tim 2,23).

Der Leiter, der auch angesichts des Bösen mit Geduld reagiert, weigert sich, die Gemeinde zu seinem Feind zu machen. Er achtet zwar auf Tendenzen innerhalb der Gemeinde, die eine Versuchung darstellen könnten, zielt in seinen Predigten aber nicht auf einzelne Personen ab. Er verzichtet darauf, die Kanzel zu missbrauchen, und weigert sich, sich selbst wortreich zu rechtfertigen. Stattdessen predigt er Gottes Wort mit Gottes Gnade. Er entscheidet sich dafür, sich wie ein Arzt zu verhalten, der die Krankheit bekämpft und nicht den Patienten. Sein Hauptanliegen ist es, den Patienten gesund zu machen – zu lehren und zu beten, damit die Menschen vollkommen gesund werden können.

Mit Sanftmut korrigieren

Wenn wir angesichts des Bösen wirklich geduldig sind, reagieren wir auch unseren Kritikern gegenüber sanftmütig. Vor einigen Jahren machte ich die allgemeine Beobachtung, dass in der amerikanischen Gemeindelandschaft die Leidenschaft für soziale Gerechtigkeit das Streben nach persönlicher Heiligkeit in den Hintergrund zu drängen scheint. Ich postete: „In Fragen der sozialen Gerechtigkeit scheint es Kühnheit in Hülle und Fülle zu geben, aber nicht in Fragen der persönlichen Heiligkeit." Mein Wunsch war es, dieses Ungleichgewicht zu korrigieren, indem ich zu Kühnheit in beiden Bereichen ermutigte: persönliche Heiligkeit und soziale Gerechtigkeit. Persönliche Heiligkeit ohne aktives Bemühen um Gerechtigkeit spiegelt nicht das ganze Ausmaß der Heiligkeit Gottes wider. Soziale Gerechtigkeit ohne ein entschiedenes Streben nach persönlicher Heiligkeit führt zu selbstgerechtem, ungerechtem Verhalten. Das war vielleicht nicht der durchdachteste Post, den ich je formuliert habe, und wie du dir vorstellen kannst, provozierte er einige Reaktionen. Eine Schwester aus unserer eigenen Gemeinde antwortete, dass sich Heiligkeit und Gerechtigkeit nicht gegenseitig ausschließen müssten. Ich bestätigte ihre Beobachtung auf humorvolle Weise. Der Post traf einen Nerv.

Meiner Meinung nach traf ihre Bemerkung eindeutig nicht auf uns zu. Die Vision unserer Gemeinde lautet: „Städte auf sozialer, geistlicher und kultureller Ebene durch das Evangelium Jesu erreichen", und die Frau war mit unseren Aktionen in den Bereichen tätiger Nächstenliebe und sozialer Gerechtigkeit gut vertraut. Nach dem Online-Austausch kam es jedoch immer wieder zu Spannungen und Kritik, bis ein Ältester und ich uns mit ihr und einer Freundin von ihr trafen. Bei diesem Treffen brachte sie ihre Frustration und ihren Schmerz über meine Antwort zum Ausdruck. Sie erklärte mir, dass sie als Person hispanischer Abstammung das Gefühl gehabt habe, ich würde ihre Meinung für unwichtig erklären und das Gespräch abwürgen. Das war zwar nicht meine Absicht gewesen, aber der Schaden war bereits angerichtet. Jetzt war es an der Zeit, sanftmütig zu reagieren.

Ich entschuldigte mich dafür, dass sie sich durch mich herabgesetzt gefühlt hatte, und versicherte ihr, dass ich sie als Schwester in Christus, als Führungskraft und als Angehörige einer Minderheit schätzte. Ich stellte ihr weitere Fragen, um einige ihrer Bedenken bezüglich rassistischer Ungerechtigkeit besser zu verstehen. Es war ein hilfreiches und versöhnliches Treffen. Es war auch ein heiligendes Gespräch. Ich war zwar im Recht gewesen, ein Ungleichgewicht anzusprechen, aber Gott korrigierte durch sie meine unsensible Haltung zum Thema Rassismus. Durch diese Korrektur förderte er meine Sanftmut.

In welchen dieser Bereiche der seelsorgerlichen Apologetik musst du reifen? Musst du lernen, freundlich, aber nicht streitlustig zu sein? Geduldig über das Böse aufzuklären? Widersacher sanft zurechtzuweisen? Gibt es einen Bereich, in dem du innehalten und Sünde bekennen musst?

Kritik entgegennehmen

Wenn wir kritisiert werden, ist es wichtig, das Gesagte zu prüfen und nicht abzulehnen. Pastor Tim Shorey sagt, dass wir einer Kritik mit *der Annahme* begegnen sollten, derjenige zu sein, der falsch liegt![22] Falsch? Inwiefern? Vielleicht haben wir eine falsche

22 Tim Shorey, „Assume You Are Wrong", The Gospel Coalition, 21. Januar, 2021, https://www.thegospelcoalition.org/article/assume-you-are-wrong/ (abgerufen am 17.02.2022).

Meinung, falsche Einstellung, falsche Wortwahl, einen falschen Schwerpunkt, falschen Tonfall, ein falsches Timing oder falsche Hintergrundinformationen. Stell dir vor, wie diese Haltung das Gute verkörpern würde. Denk an das Potenzial, explosive Konflikte zu entschärfen. Sieh es als christusähnliche Demut.

Jedes Mal, wenn ich kritisiert werde, versuche ich, genau zuzuhören, um zu sehen, ob ich etwas daraus lernen kann. Selbst wenn vieles von dem, was gesagt wird, unwahr ist, versuche ich, nach einem Kern der Wahrheit zu suchen. Aber das ist ehrlich gesagt manchmal wirklich schwierig. Es kann schmerzhaft sein, sich durch falsche Anschuldigungen zu wühlen, um einen Splitter der Wahrheit zu finden. Es gelingt mir nicht immer, und das ist ein Grund, warum ich ernsthafte Kritik an unsere Ältesten herantrage. Es ist hilfreich, ihren Rat einzuholen, damit ich nicht defensiv reagiere. Vertrauenswürdige Mitstreiter können uns je nach Bedarf bestätigen oder hinterfragen. Freundlich zu sein entbindet uns natürlich nicht davon, für die Wahrheit einzustehen. Es bedeutet, die Wahrheit mit einem demütigen Herzen zu sagen.

Seelsorgerliche Apologetik kann in Zeiten voller Spaltungspotenzial einen gewaltigen Unterschied machen. Möglicherweise dauert es jedoch Jahre, bis wir die Früchte sehen, und manchmal sehen wir sie überhaupt nicht. Warum sollten wir dann die harte Arbeit tun? Weil wir *die Knechte des Herrn* sind.

Langfristig denken

Als ich den gütigsten Pastor, den ich kenne, um Ratschläge für meine Arbeit als Seelsorger bat, sagte er: „Wenn es um Menschen geht, musst du langfristig denken." Allzu oft beurteilen wir Menschen aufgrund eines einzigen absurden Moments oder einer verrückten Lebensphase, obwohl sie einen Seelsorger brauchen, der eine langfristige, gnädige Perspektive hat und eine Vision von dem Menschen zulässt, zu dem sie heranreifen könnten. Mehr noch: der nicht nur den Prozess dieser Veränderung im Blick hat, sondern auch ihr Ziel. Was wäre, wenn wir die Menschen nicht nur aus der Perspektive ihrer derzeitigen Sünde, sondern auch aus der Ewigkeitsperspektive ihrer Herrlichkeit behandeln würden? Was wäre, wenn wir bei unserem Hirtendienst mehr in Betracht ziehen würden, was die Gläubigen tatsächlich in Christus schon jetzt sind? Unser Leitungsstil wäre weniger hart, und es würde uns helfen, in komplexen, umstrittenen Fragen als gnädigere Hirten aufzutreten.

Jüngerschaft mit einem homosexuellen Mann

Wenn sich Menschen als schwul, lesbisch oder transsexuell outen, sagen sie oft etwas wie: „Ich habe mein wahres Ich all die Jahre versteckt. Jetzt stehe ich für meine Wahrheit ein.“ Die Schauspielerin Ellen Page, die sich als Transmann Elliot Page geoutet hat, wird mit den Worten zitiert: „Ich kann gar nicht ausdrücken, wie unglaublich es sich anfühlt, mich endlich so zu lieben, wie ich bin, und mein authentisches Ich zu leben.“[23] Ich hatte Mühe, diese aufgestaute Nichtauthentizität zu verstehen, bis ich George traf.

Ich lernte George[24] in einer Entzugsklinik kennen. Er war pleite, barfuß, einsam, drogenabhängig und schwul. Nachdem ich mich eine Weile mit ihm unterhalten hatte, fragte ich ihn, ob ich ihm ein paar Schuhe und eine Bibel schenken dürfte. Er freute sich über die Schuhe und nahm die Bibel nur halbherzig an. Wir

---

23 @ElliotPage, Instagram, 01.12.2020.

24 Ich verwende ein Pseudonym.

verbrachten viele Stunden zusammen und sprachen über seine zerbrochenen Träume und seine tiefen, unerfüllten Sehnsüchte. Schließlich thematisierten wir auch seine gleichgeschlechtliche Orientierung. Unsere Beziehung war auf einer Ebene angekommen, auf der wir ehrlich zueinander sein konnten, und so erzählte er mir, wie er seine Sexualität empfand: „Bei dem Gedanken, mit einer Frau intim zu werden, wird mir regelrecht übel." Das war wie ein Schlag in die Magengrube. Obwohl ich es nicht nachvollziehen konnte, wusste ich, dass es für ihn echt war. Als ich das hörte, wurde mir klar, wie heftig sein Kampf war. Eines Nachmittags, nachdem ich mit ihm über 1. Mose 1–2 gesprochen hatte, fragte George: „Will Gott, dass ich für den Rest meines Lebens einsam und ohne Liebe bin?" Auch das war ein Augenöffner. Wenn wir uns Zeit nehmen, um als Hirte Menschen zu begegnen, und nicht nur über Überzeugungen diskutieren, lernen wir unweigerlich, mehr wie ein Hirte zu denken.

So gut ich konnte, versuchte ich, mich in ihn hineinzuversetzen, und fragte ihn dann, was er in der Liebe suche. Er beschrieb eine Beziehung, die auf bedingungsloser Akzeptanz und inniger Gemeinschaft beruht – etwas, das ihm kein Mensch ganz und gar geben kann, wonach sich aber jeder Einzelne von uns sehnt. Ich wies so einfühlsam wie möglich darauf hin, dass Gott die Liebe erfunden hat, weil er die Liebe ist – eine Realität, die von ihm geschaffen, aufrechterhalten und perfekt erfüllt wird. Sicherlich will Gott nicht, dass George oder irgendjemand, der sich zu Menschen des gleichen Geschlechts hingezogen fühlt, einsam ist. Das liegt ihm so sehr am Herzen, dass er seinen Sohn sandte, der an unserer Stelle starb, nicht nur um unsere Sünden zu vergeben, sondern auch um *jeden,* der ihm vertraut, in seine unsterbliche göttliche Liebe einzubeziehen. Ich fragte George, ob, wenn er diesem Gott seine Seele anvertrauen könne, das Gleiche auch für seine sexuelle Orientierung gelte? Zögernd stimmte er zu.

Schließlich tat George Buße für seine Sünden und glaubte an Jesus. Danach fragte er, ob er sich im Pool seines Apartmentkomplexes taufen lassen könne, damit die Mitglieder seiner Kleingruppe dabei sein und mit ihm feiern könnten. Ich tauchte ihn in das türkisfarbene Wasser hinab und taufte ihn im Namen des Vaters, des Sohnes und des Heiligen Geistes. Mit einem Freudenschrei tauchte er aus dem Pool auf. George distanzierte sich von homosexuellen Beziehungen und stürzte sich in die Gemeinschaft mit anderen Geschwistern unserer Gemeinde. Häufig backte er für die Mitglieder seiner Kleingruppe, brachte andere in die Gemeinde mit und traf sich regelmäßig mit mir in einer Jüngerschaftsbeziehung. Er wurde ein aktiver Teil unserer Gemeinde.

Nach ein paar Jahren zog George weg. Er brach den Kontakt zu uns ab und heiratete ein Jahr später einen anderen Mann. Eines Morgens kam er in sein Wohnzimmer und fand seinen Partner von der Decke hängend, mit einem Stromkabel um den Hals. Der Selbstmord seines Partners traf George zutiefst.

Da er eine vertraute Umgebung und die Unterstützung eines sozialen Umfelds brauchte, zog er zurück nach Austin. Wir begannen, uns wieder zu treffen. Ich begleitete ihn in der Trauerphase seelsorgerlich. Allmählich begann George, zu heilen und sich wieder auf seinen Glauben einzulassen. Er kam wieder zu den Gottesdiensten und brachte schließlich Freunde mit. Ich begegnete diesen Männern freundlich und herzlich, aber sie waren eindeutig mehr als nur Kumpel. Ich wusste, dass es für George extrem schwierig war, seiner gleichgeschlechtlichen Orientierung zu widerstehen, also ermutigte ich ihn, der Versuchung zu widerstehen, mit ihnen Sex zu haben. Aber sobald ein Freund von der Bildfläche verschwunden war, tauchte schnell der nächste auf.

George verstrickte sich immer mehr in einen Lebensstil sexueller Sündhaftigkeit. Ich wusste: Wenn ich ihn wirklich wie einen Bruder liebte, musste ich ihn damit konfrontieren. Als ich eines Nachmittags betete, drängte mich der Heilige Geist, bei George vorbeizuschauen. Nach einem kurzen Gespräch sagte ich zu ihm: „George, du weißt, dass deine Beziehungen dem Herrn nicht gefallen."

„Behauptet wer?", erwiderte er.

„Die Heilige Schrift", antwortete ich.

„Weil du sie so auslegst", erwiderte er.

Dann sagte ich ihm mit klopfendem Herzen: „Nein, weil das im 1. Korintherbrief so steht: ‚Oder wisst ihr nicht, dass Ungerechte das Reich Gottes nicht erben werden? Irrt euch nicht! Weder Unzüchtige noch Götzendiener noch Ehebrecher noch Weichlinge noch mit Männern Schlafende'" (1Kor 6,9). Er starrte mich wütend an, drehte sich um und stampfte zur Treppe.

„George, weil ich dich wie einen Bruder liebe, muss ich dir das sagen: Gott wird dich dafür richten, wenn du nicht umkehrst. Bitte kehre zu ihm um."

Wir haben seit Jahren nicht mehr miteinander gesprochen.

Es ist eine schmerzhafte Geschichte, die ich erzählen muss, weil ich George wie einen Bruder liebe. Ich hatte so viel Zeit mit ihm verbracht, dass er für mich wie ein geistlicher Sohn war. Bis heute muss ich die Tränen zurückhalten, wenn ich an ihn denke. Ich weiß, dass ich angesichts des Bösen geduldig war. Ich versuchte, ihn mit Sanftmut zu korrigieren, in der Hoffnung, dass er dem Fallstrick des Teufels entkommen und zum Herrn zurückkehren würde.

George erlebte eine unwiderlegbare Apologetik – die Liebe Gottes durch den Leib Christi. Er war so überzeugt von der Gegenwart der Liebe Gottes in der Gemeinde, dass er zahlreiche Freunde zu den sonntäglichen Versammlungen mitbrachte. Diese weitreichende Liebe wirkte unbeabsichtigt auch auf die Christen in unserer Gemeinde ein, die sich mit der biblischen Sicht von Homosexualität schwertun. Aber die Liebe Christi in die Praxis umzusetzen verlangte ihren Preis.

Pastoren wandten sich von mir ab, weil ich in ihren Augen nicht hart genug mit ihm war, und Nichtchristen beschimpften mich, weil ich überhaupt Einwände gegen seinen Lebensstil hatte. Dadurch lernte ich, mich nicht für das Zeugnis unseres Herrn zu schämen, der gestorben und auferstanden ist, damit homo- und heterosexuelle Jünger die Gemeinschaft mit ihm höher schätzen können als ihre sexuellen Bedürfnisse. Ich bete, dass mein beständiges Zeugnis für die Liebe Christi und meine sanftmütige, aber klare Zurechtweisung in Georges Herzen Widerhall finden. Möge der Herr ihn zur Buße bewegen und zur Erkenntnis der Wahrheit zurückführen.

Das Zeugnis Jesu

Wozu ein geistlicher Leiter berufen wurde, ist oft wenig populär, und sein Dienst ist mitunter unerwünscht. Manchmal werden wir von der Welt abgelehnt und manchmal von anderen Geschwistern geächtet. Paulus erlebte beides, was ihn zu den Worten veranlasste: „So schäme dich nun nicht des Zeugnisses unseres Herrn noch meiner, seines Gefangenen, sondern leide mit für das Evangelium nach der Kraft Gottes!“ (2Tim 1,8). Seine

Ketten trug er, weil er von den Römern verfolgt wurde, aber er litt, weil er von einigen Christen im Stich gelassen worden war. Wie schaffte er es, dem Zeugnis Jesu treu zu bleiben?

Mit einem Zeugnis erbringt man einen mündlichen Beweis für den Wahrheitsanspruch einer Sache. Die Apostel nutzten das Zeugnis ihrer Hoffnung auf das Auferstehungsleben als Beweis (Apg 4,33). Jesus legte Zeugnis ab für das anbrechende Reich Gottes, das bußfertige Sünder willkommen heißt. Mose stand einem Zelt des Zeugnisses *(martyrion)* vor, in dem er im Namen Gottes sprach, damit Gott mit Israel in Beziehung treten konnte (LXX, 2Mo 33,7-11). Diese „Märtyrer" waren bereit, für die Wahrheit einzutreten, trotz der Ablehnung, die sie von ihrem eigenen Volk erfuhren. Und warum? Ihre Zeugnisse wiesen auf das Leben über den Tod hinaus hin, wenn der Himmel auf die Erde trifft und Gott mit den Menschen spricht – Zeugnisse, die sich in Jesus erfüllten: Aus dem Tod entsteht Leben, der Himmel triumphiert über die Erde, und Gott nimmt den Menschen in Christus Jesus auf! Die Märtyrer schätzten diese ewigen Wahrheiten so sehr, dass sie dafür alles in Kauf nahmen.

Wie können wir das Evangelium bezeugen, wenn der Preis dafür so hoch erscheint? Indem wir erkennen, dass wir nicht als Gefangene der Welt, sondern als Sklaven Christi leiden. Paulus schreibt: „So schäme dich nun nicht des Zeugnisses unseres Herrn *noch meiner, seines Gefangenen*" (Hervorhebung des Autors). Er betrachtete seine Ketten als „christlich", nicht als römisch. So ist auch jeder von uns ein Gefangener des Herrn. Unsere Leiden sind nicht das zufällige Ergebnis eines politischen Konflikts oder einer ethischen Meinungsverschiedenheit, sondern durch die Vorsehung für die Ausbreitung des Evangeliums bestimmt. Wenn du also leidest, denke daran, dass selbst deine Ketten nicht deinen Gegnern gehören. In den Händen des Herrn sind sie bittere Anlässe für eine engere, vertrauensvollere Beziehung zu Jesus. Sie sind Gelegenheiten, um als Hirte mehr wie Jesus zu sein und mit Jesus zusammenzuarbeiten.

Als Diener des Herrn haben wir den Auftrag, einer fragenden Welt die Wahrheit und das Gute des christlichen Glaubens zu zeigen. Dazu müssen wir die Menschen um uns herum so betrachten, wie Gott selbst uns betrachtet – mit einem langen, geduldigen und hoffnungsvollen Blick. Es bedeutet auch, in der Kraft Gottes für das Zeugnis Jesu einzutreten. Möge unsere desillusionierte Welt in uns ein Christentum sehen, das nicht nur gut ist, sondern gut, *weil es wahr ist.*

Standhaft leiten

Unerschütterliche Hirten reagieren auf diejenigen, die Fragen an den christlichen Glauben stellen, indem sie:

- freundlich, geduldig und demütig mit denjenigen umgehen, die anderer Meinung sind als sie selbst.
- davon ausgehen, dass sie in Konflikten in irgendeiner Weise falsch liegen, und nicht immer recht haben wollen.
- langfristig denken, wenn sie mit Menschen zu tun haben, die von Christen verletzt wurden, und ihnen mit Sanftmut begegnen.
- das Martyrium des Evangeliums annehmen und opferbereite Zeugen für das Zeugnis Jesu sein wollen.
- Gottes Gnade im Leiden empfangen, damit ihre Beziehung zu Christus tiefer werden kann.

Erlösender Schmerz

Es war ein anstrengendes Jahr gewesen. Unsere Ältesten hatten mir eine Auszeit bewilligt, deren Beginn ich kaum erwarten konnte. Dann sprach ich auf einer Mitarbeiterklausur einen Ältesten auf eine Vorgabe an, an die er sich nicht hielt. Er verstummte, erstarrte zum Eisblock und wies mich barsch ab. Als ich das Thema behutsam weiterverfolgte, explodierte er vor Wut. Seine Worte flogen wie Granatsplitter und zerrissen mich, meine Frau und die Richtlinien der Gemeinde. In einem Augenblick wurde ein Mann, den ich für einen engen Freund gehalten hatte, zum Erzfeind. In den nächsten Monaten manipulierte er andere, um Macht in der Gemeinde zu gewinnen. Eine Gemeindespaltung schien unausweichlich. Der Verrat zerriss mir das Herz.

Wir können wir leiten, wenn wir verletzt wurden?

Konfrontation mit unserem Schmerz

Während es durchaus verlockend sein kann, unseren Schmerz zu verbergen, geht Paulus mit gutem Beispiel voran und redet offen über seinen Schmerz: „Du weißt dies, dass alle, die in Asien sind, *sich von mir abgewandt haben*; unter ihnen sind Phygelus und Hermogenes“ (2Tim 1,15,). Er spielt seine Erfahrung nicht herunter, sondern spricht klar aus, was Menschen ihm angetan haben: „Alle, die in Asien sind, *[haben] sich von mir abgewandt*“ (1,15); „Demas *hat mich verlassen*“ (4,10); „Alexander ... *hat mir viel Böses erwiesen*“ (4,14; Hervorhebungen des Autors). In jeder

Beschreibung sagt er: *Das haben sie „mir" angetan.* Dies sind keine allgemeinen Unannehmlichkeiten des geistlichen Dienstes, wenn zum Beispiel ein Schaf wegläuft oder eine Ehe zerbricht. Das hier ist etwas *Persönliches.* Echte Menschen haben echte Dinge getan, die Paulus verletzt haben. Einiges, was du erleidest, ist auch persönlich. Menschen haben dich verletzt – manche absichtlich, andere aus Unachtsamkeit, aber du verspürst die Wucht. Verstecke diese Dinge nicht, sondern gestehe sie dir ein. Es ist in Ordnung, die Verletzung beim Namen zu nennen. Paulus hat diese Wunden nicht vergeistlicht, sondern sich ihnen gestellt.

Die Bruchstücke anerkennen

Paulus beschreibt auch kurz, was ihm Menschen angetan haben: Man hat sich von ihm abgewendet, er wurde verlassen, und ihm wurde viel Böses erwiesen. Er suhlt sich nicht in diesen Dingen, geht aber auf einige Details ein. Damit die von anderen zugefügten Wunden heilen können, ist es wichtig, sich darüber im Klaren zu sein, was diese Menschen getan haben. Als dieser Älteste mich verriet, beschrieb ich meiner Frau den Schmerz detailliert, vertraute mich meinen Mentoren an und schrie zu Gott. Es kann hilfreich sein, mit dem Ehepartner, einem Freund oder einem Seelsorger darüber zu sprechen.

Der Stachel des Verrats ist mit keinem anderen Schmerz vergleichbar. Obwohl sich eine ganze Gruppe in Asien von Paulus „abgewandt" hat, hebt er ein paar Namen besonders hervor: Phygelus und Hermogenes. Das Wort für „abgewandt" bedeutet „jemandem den Rücken zuwenden". Früher waren diese Männer Freunde und Mitstreiter von Paulus gewesen und hatten die gleichen Ziele wie er verfolgt. Aber das hatte sich geändert. Ich höre ihn geradezu sagen: *Wir waren einmal Freunde, Partner am*

Evangelium, aber … Der Schmerz des Verrats ist einzigartig, weil er von Leuten verursacht wird, denen man vertraut hat und von denen man so etwas nie erwartet hätte. Von unseren Freunden erwarten wir Kameradschaft, nicht Verrat. Der Älteste, der mich verraten hatte, hatte seine Freizeit geopfert, um mit uns an Mitarbeitersitzungen teilzunehmen, er hatte jeden Monat mit uns zu Abend gegessen und unsere Familie sogar in einer schwierigen Zeit seelsorgerlich begleitet. Dann versuchte er, die Gemeinde zu Fall zu bringen und mir die Schuld in die Schuhe zu schieben.

Hat sich schon mal jemand von dir abgewandt? Ein Freund, ein Mitarbeiter, ein Mitältester? Wenn ja, dann tut mir das sehr leid. Ich weiß, das tut richtig weh. Wenn du noch nicht vor jemandem, dem du vertraust, dein Herz ausgeschüttet und ausführlich darüber gesprochen hast, möchte ich dich dazu ermutigen. Auch wenn es schmerzhafter sein mag, diese Wunde zu öffnen, wird dadurch Gottes Gnade und Wahrheit in sie eindringen und sie heilen. Paulus verbarg nicht, dass er verletzt war. Er sprach es offen aus und zeigte seine Trauer. Zweifellos konnte man auf diesem Brief noch die Tränenspuren erkennen.

Nachdem ich die anstrengenden Jahre der politischen Grabenkämpfe, der COVID-19-Pandemie und der Rassenprobleme in den Jahren 2019–2021 hinter mich gebracht hatte, stieß ich an meine Belastungsgrenze. Als ich an einem sonnigen Nachmittag durch die Innenstadt zu unserem Gemeindehaus lief, zerbrach etwas in mir. Mein Herz riss sich plötzlich von der Gemeinde los. Eine Woche später saß ich mit den Ältesten zusammen und erzählte diesen Männern, die ich meine Freunde nenne, dass ich nicht mehr konnte. Der Gedanke, die Gemeinde zu betreten und in einem Raum voller Menschen zu stehen, ließ mich erschaudern. Meine emotionalen Reserven waren aufgebraucht. Ich hatte keine

Kraft mehr für den Dienst. Die Ältesten reagierten sehr freundlich und gewährten mir eine spontane zweimonatige Auszeit, in der ich oft in Tränen ausbrach. Einmal musste ich sogar am Straßenrand anhalten, weil ich vor lauter Tränen nichts mehr sehen konnte.

Als die Tage vergingen, verspürte ich den Drang, die Trauer zu überwinden und einen Plan zu entwickeln. Irgendetwas in mir wollte die Auszeit rechtfertigen – ich hoffte auf eine großartige Einsicht oder dass mir eine dunkle Sünde bewusst würde, die ich bekennen könnte. Aber mein Geist ließ sich nicht darauf ein. Ich steckte in einer Sackgasse. Ich ging zu einem Vortrag des Künstlers Makoto Fujimura über Kunst und Glauben. Er begann mit den Worten: „Mein gesamtes Werk lässt sich mit zwei Worten zusammenfassen: ‚Jesus weint.'" – „Oh Mann", dachte ich, „schnall dich lieber an." Fujimura beschrieb das Wirken Gottes im Leiden anhand der Vorgehensweise beim *Kintsugi*. Kintsugi ist die japanische Kunst des Reparierens von Schalen. Kunsthandwerker kleben die Bruchstücke von Teeschalen mit teurem, flüssigem Gold wieder zusammen. So erschaffen sie wunderschöne Schalen, die von verschlungenen, vergoldeten Adern durchzogen werden. Fujimura betont: „Sie flicken die Schalen nicht, sie machen sie schöner. Gott flickt uns nicht nur wieder zusammen, er verschönert uns durch das Leiden."

Als Fujimuras Vortrag zu Ende war, wandte ich mich an meinen Freund und schlug vor, noch vor der Fragerunde zu gehen, aber dann entscheiden wir uns doch zu bleiben. Dann, während der Fragerunde, sagte Fujimuras Frau Shim: „Makoto, du hast vergessen, etwas Wichtiges zu erwähnen. Bevor die Teemeister mit dem Flicken beginnen, halten sie die Stücke in der Hand und erkennen diese Bruchstücke an. Wir müssen uns die Scherben unseres Lebens ansehen und sie anerkennen." Ein

Kloß bildete sich in meinem Hals, und ich keuchte laut auf. Das war es, wozu Gott mich aufrief: die Scherben meines Herzens anzuerkennen. Ich brauchte mehr Zeit, um mich mit dem Schmerz und der Trauer auseinanderzusetzen.

Jesus nahm sich dafür Zeit. Er weinte. Er war „ein Mann der Schmerzen und mit Leiden vertraut" (Jes 53,3). Und in der Nacht, in der er verraten wurde, war er „sehr betrübt, bis zum Tod" (Mt 26,38). Musst du die zerbrochenen Teile deines Lebens anerkennen? Vielleicht musst du Raum schaffen, um deinen Schmerz zu benennen und an der Seite des Mannes der Schmerzen zu trauern? Es kann verlockend sein, im Dienst eine Fassade der Stärke aufrechtzuerhalten und den Schmerz zu verbergen; immerhin gibt es so viel Arbeit zu erledigen. Aber Paulus setzte keine Maske auf. Jesus weinte. Auch wir dürfen das.

Schmerzen anvertrauen

Nachdem wir uns unserem Schmerz gestellt und getrauert haben, müssen wir damit umgehen. Selbst wenn wir auf gute Weise trauern, können belastende Erinnerungen wieder hochkommen. Jesus erinnerte sich an die bissigen Worte derer, die ihn verleumdet hatten: „Wenn sie den Hausherrn Beelzebul genannt haben, wie viel mehr seine Hausgenossen!" (Mt 10,25). Es ist leicht, über den Schmerz von Jesus hinwegzulesen, während man versucht, die Bedeutung seiner Worte zu erfassen. Aber als Beelzebul bezeichneten die Juden den Fürsten der Dämonen, Satan selbst (Lk 11,15). Sein eigenes Volk beschuldigte ihn, der Erzfeind zu sein, der Verursacher des Todes – obwohl Jesus ihr Erlöser war, der gekommen war, um ihnen das Leben zu schenken!

Die Menschen fällten ein völlig falsches Urteil über Jesus, und man wird auch uns falsch beurteilen. Das ist der Sinn der

Aussage Jesu. Indem er vom Größeren auf das Kleinere schließt, sagt er im Wesentlichen: *Wenn sie schon mich, den Hausherrn, mit Schimpfwörtern überhäufen, wie viel mehr werden sie dann die Bewohner seines Hauses kritisieren und beschimpfen?* Das ist zwar nicht besonders ermutigend, aber es stimmt. Jedoch steckt hinter dieser Warnung auch eine Gnade: Du gehörst zum Haushalt Jesu. Dass du verfolgt wirst, ist ein Zeichen dafür, dass du zur Familie gehörst, und eine Einladung, deinen Meister noch besser kennenzulernen.

Während ich wegen meiner Verluste trauerte, untersuchte ich meine Wunden mit der aufgeschlagenen Bibel. Christus begegnete mir persönlich und tiefgehend in Jesaja 53, Klagelieder 3 und Psalm 62. Beim Lesen der Heiligen Schrift vertraute ich Jesus meine Trauer und mein Leid an. Ich übergab das alles in seine Obhut und beschloss, seinem Erlösungsplan zu vertrauen. Infolgedessen wurden meine Leiden zu einer Gelegenheit für Christus, mich zu verschönern. Ohne zu wissen, dass ich in dieser Woche einen Vortrag von Fujimura hören würde, schickte mir meine Mutter ein Bild einer Kintsugi-Schale mit folgender Aufschrift: „Wenn ich mir dein Leben anschaue, sehe ich überall Gold."

Goldene Linien der Gnade haben meine zerbrochenen Teile geheilt. Gott heilt auch dich mit seiner überschwänglichen Gnade.

Schmerz erwarten

Jemand hat einmal gesagt, dass wir entweder vor einer Zeit des Leidens stehen, uns mitten im Leid befinden oder gerade einen Leidensweg hinter uns haben. Das klingt düster und ist nur ein Teil der Wahrheit. Es gibt auch viele Freuden. Aber es erinnert uns daran, dass wir im Dienst mit Schmerzen rechnen müssen. Wie kann man es vermeiden, dadurch kaltherzig zu werden? Obwohl die Anschuldigung gegen Jesus so tief saß, dass er sich daran erinnerte, brütete er nicht lange genug über den Worten, um bitter zu werden. Stattdessen nutzte er die Worte seiner Ankläger, um daraus eine Lehre zu ziehen: Wer mir nachfolgt, wird verleumdet werden. Und warum? „Ein Jünger ist nicht über dem Lehrer und ein Sklave nicht über seinem Herrn" (Mt 10,24).

In einer Zeit der Professionalisierung des Dienstes ist das eine wichtige Aussage. Wir stehen nicht über dem Herrn, sondern unter ihm. Wir sind Sklaven eines gekreuzigten Messias, nicht nur strategische Entscheidungsträger oder theologisch geschulte Hirten. Wir Christen in der westlichen Welt haben es uns jedoch über Generationen hinweg im Dienst sehr bequem gemacht. Wir werden selten als Teufel bezeichnet, gezwungen, unsere Gemeinden zu schließen, oder für unseren Glauben ins Gefängnis gesteckt. Infolgedessen fällt es uns leicht, unsere Aufgabe als die einer visionär denkenden Führungspersönlichkeit oder die eines Autors von Inhalten zu sehen und nicht als die eines leidenden Dieners. Es ist leicht, sich durch messbare Aktivitäten, den Aufbau von Leitungsstrukturen, die möglichst maximale Auswirkung auf das Reich Gottes, die Aneignung biblischer Theologie, evangelistische Predigten und kulturelle Apologetik zu verausgaben. Auch wenn diese Dinge einen großen Stellenwert haben, sollten sie nicht unsere Identität als Sklaven Christi ersetzen. Versuche nicht, für dich bestimmte Leiden umschiffen oder überspringen zu wollen. Sie sind Teil deines Dienstes.

Vor Kurzem hörte ich von einem gläubigen Pastor in China, der mit der verfolgten Kirche zusammenarbeitete. Obwohl er für die Förderung von Projekten für Kinder, den Dienst an den

Armen, einen lebendigen Gebetsdienst und die Hingabe an Jesus bekannt war, wurde er des Aufruhrs gegen den kommunistischen Staat beschuldigt. Eines Tages wurde er auf dem Heimweg von vier schwarzen Geländewagen eingekesselt. Er wurde gewaltsam aus dem Auto gezerrt und verschleppt. Das ist jetzt fünf Jahre her. Seine Frau und seine Kinder haben ihn seitdem nicht mehr gesehen.

Diese Art von Anschuldigungen und Verfolgungen sind in den meisten Teilen der Welt nichts Ungewöhnliches, und wenn unsere eigenen religiösen Freiheiten anfangen zu bröckeln, werden die Bedingungen für den Dienst am Evangelium immer mehr so aussehen, wie es anderswo schon längst der Fall ist: wie der Dienst Jesu. Wir müssen uns fragen: Sehe ich mich hauptsächlich als Sklave Christi oder als strategischen Entscheidungsträger, als theologisch geschulten Hirten oder als Autor von Inhalten? Ein Sklave Christi zu sein ist besser, weil wir an die ewige Liebe gekettet sind. Im Leiden entdecken wir Tiefen seiner geheimnisvollen Liebe, die anderswo nicht zu finden sind. Gottes Liebe wird im Leid greifbarer, wenn wir Christus unseren Schmerz anvertrauen. Unsere Verletzungen ermöglichen es uns, eine Berührung zu entdecken, die nicht nur unsere gegenwärtige Wunde heilt, sondern auch nach außen strahlt und andere zerbrochene Orte und Leben berührt. Das ist Liebe.

Gute Gaben genießen

Es gibt nicht nur Schmerz und Leid! Gott liebt es auch, uns gute Gaben zu schenken. Während Paulus den ihm von anderen Menschen zugefügten Schmerz konkret benennt, erinnert er sich auch an die Gemeinschaft mit Timotheus, Lukas, Markus, Priscilla, Aquila und Onesiphorus. Auf Onesiphorus verwendet er dreimal so viele Worte (45) wie auf die Deserteure Phygelus und Hermogenes (15 Worte). *Das* ist eine bewusste Entscheidung. Wir müssen uns dafür entscheiden, Gottes Güte zu sehen; andernfalls schaffen wir es nicht, unseren Fokus von den Problemen abzuwenden, und schlingern wie ein Auto, das von der Spur abkommt.

Innerhalb einer einzigen Woche passierte Folgendes: Gemeindemitglieder, die seit zehn Jahren zu uns gehörten, teilten uns per E-Mail mit, dass sie zu einer anderen Gemeinde in der Stadt wechseln würden; ein Mitarbeiter beschloss, uns plötzlich zu verlassen; eine Kleingruppe berichtete von einem erweckungsähnlichen Wachstum; es gab ein seelsorgerliches Gespräch mit einem Paar, das sich nach 30 Jahren Ehe scheiden lassen wollte; wir erhielten einen beeindruckenden Bericht über die Verbreitung des Evangeliums in Kuala Lumpur durch unsere Missionspartner; und unsere Ältesten wurden sehr ermutigt. Aber weil ich mich ständig auf die schwierigen Dinge konzentrierte, verlor ich Gottes Güte aus den Augen. Als Gott mich diesbezüglich überführte, wurde ich befreit, seine Güte nicht nur zu erkennen, sondern auch zu genießen. Ich rief mir jede einzelne Gnade in Erinnerung und hielt inne, um für jede davon zu danken.

Wie schaffen wir es, uns mehr über die Gaben Gottes zu freuen? Wenn ich eine besonders ermutigende E-Mail erhalte, lösche ich sie nicht. Stattdessen speichere ich sie in einem speziellen E-Mail-Ordner ab. Wenn ich versucht bin, meinen Fokus allein auf die negativen Dinge im Dienst zu richten, öffne ich diesen Ordner und sehe auf die E-Mail-Sammlung. Dann nehme ich mir die Zeit, eine dieser Mails durchzulesen. Diese Praxis hilft mir, unsere Gemeinde wertzuschätzen und Gottes Güte am Werk zu sehen. Paulus schreibt über die besonderen Vorteile seiner Gemeinschaft mit Onesiphorus: *Er erquickte mich oft, schämte sich meiner Ketten nicht, suchte mich eifrig und fand mich.* Beobachtungen wie diese fallen uns nicht einfach zu, sondern sie erfordern ein bewusstes Nachdenken über Gottes Gnade.

Vielen von uns im vollzeitlichen Dienst fällt es schwer, die Gaben Gottes zu genießen. Wir können so sehr von Prinzipien getrieben sein – unserer Arbeit für das Reich Gottes –, dass wir es versäumen, die Gaben unseres Königs zu genießen. Während einer Auszeit kämpfe ich normalerweise ein paar Tage lang mit einer inneren Stimme, die mich verurteilen und mir einreden will, ich hätte diesen Urlaub nicht verdient. Die Stimme erinnert mich daran, dass andere arbeiten, während ich mich ausruhe. Der Ankläger ist bestrebt, Gottes gute Gaben der Erholung und der Freizeit mit verurteilenden Worten zu vergiften, aber unser Fürsprecher erinnert uns daran, wie sehr unser himmlischer Vater es liebt, uns Gutes zu geben: „Wenn nun ihr, die ihr böse seid, euren Kindern gute Gaben zu geben wisst, wie viel mehr wird euer Vater, der in den Himmeln ist, Gutes geben denen, die ihn bitten!" (Mt 7,11). Der Schlüssel zur Freude an Gottes Gaben liegt darin, sie wie ein Kind anzunehmen. Kinder lehnen Geschenke nicht ab, sondern nehmen sie ohne zu zögern an. Sie denken gar nicht darüber nach, ob sie deren würdig sind oder sie verdient haben. Sie freuen sich riesig und betteln ihre Eltern um mehr an. So sollten auch wir die großzügigen Gaben unseres Vaters empfangen. Genieße also die Auszeit, gehe mit einem Kumpel ins Kino und erfreue dich ohne einen Hauch von Schuldgefühlen an den Gaben, die Gott dir schenkt. Gott freut sich, wenn du seine Gaben genießt, so wie du dich freust, wenn deine Kinder an Weihnachten ihre Geschenke aufreißen.

Wenn wir uns bewusst Zeit nehmen, um über die guten Gaben Gottes nachzudenken, erscheint uns die Gnade, die wir erhalten haben, noch größer. Hast du es dir schon zur Gewohnheit gemacht, dich an Gottes Gaben zu erfreuen? Nimmst du dir Zeit, um darüber nachzudenken, wie Gott dich durch deine Gemeinde gesegnet hat? Wenn nicht, solltest du dir überlegen, ob du dir nicht eine Datei darüber anlegst, in der du notierst, wie Gott dich durch deine Gemeinde gesegnet hat, und sie nach und nach aktualisierst. Mache daraus eine Gewohnheit und frage andere: „Wo siehst du in diesen Tagen Gottes Güte?" Vielleicht könntest du auch eine Art Tagebuch führen, in dem du seine Gnadengeschenke festhältst. Rede mit Gott über deine Beobachtungen im Gebet, danke ihm und lobe ihn. Dein Herz wird jubeln!

Kraft zum Weitermachen

Die Praxis, Gottes Gnade wertzuschätzen, wird auf die Probe gestellt, wenn wir in unserem Dienst häufige Wechsel erleben. College-Studenten machen nach etwa vier Jahren ihren Abschluss; viel beschäftigte Arbeitnehmer ziehen in andere Städte um; junge Paare gründen Familien und ziehen in ländliche Gegenden. In 13 Jahren hatten wir in unserer Gemeinde einen so großen Durchlauf an Menschen, dass man sagen könnte, dass ich der Pastor von fünf verschiedenen Gemeinden war – aber sie alle waren die *City Life Church.*

Obwohl Vergänglichkeit ein Merkmal des geistlichen Dienstes im heutigen Amerika ist, kannte auch Paulus dieses Problem. Am Ende vom zweiten Timotheusbrief berichtet Paulus vom Kommen und Gehen vieler Mitarbeiter des Evangeliums. Menschen kommen und Menschen gehen – etwas, das Timotheus auch in Ephesus erlebte. Als Paulus allein in seiner Zelle saß, schrieb er: „Du nun, mein Kind, sei stark in der Gnade, die in Christus Jesus ist“ (2Tim 2,1). Weil Menschen kommen und gehen, müssen wir Kraft von demjenigen schöpfen, der uns nicht verlässt, enttäuscht oder verstößt.

Ein Hindernis für das Handeln aus Gottes Kraft ist, dass wir dazu neigen, unsere Kraft aus unterschiedlichen Quellen beziehen zu wollen. Manche Leiter stürzen sich auf ihre strategischen Konzepte: „Wenn ich den richtigen Plan ausführe und die Leute in dieses System integriere, wird der Dienst wie am Schnürchen laufen.“ Andere verlassen sich auf ihr einnehmendes Wesen: „Wenn ich mit den Menschen eine Beziehung aufbaue und dafür sorge, dass sie wissen, dass ich sie liebe, wird niemand abwandern.“ Viele verlassen sich auf ihre Fähigkeit, die Heilige Schrift zu lehren: „Wenn ich nur das Evangelium predige und die Menschen im Wort Gottes verankere, wird es keinen Streit geben.“ Aber die Kraft, die für den Dienst erforderlich ist, kommt von außen, nicht aus uns selbst. Die Kraft, das Kommen und Gehen zu ertragen, entspringt der Gnade, die *in Christus Jesus* ist.

Einheit mit Christus

Die Formulierung „in Christus“ bezieht sich auf unsere *Einheit mit Christus*. Wenn wir an Jesus glauben, werden wir in Jesus hineingestellt und sind mit ihm in einer untrennbaren, geistigen Einheit verwoben. In vielerlei Hinsicht geht es im christlichen Leben darum, sich in dieser gesegneten Einheit zu verankern. In dieser innigen Beziehung kommen wir in den Genuss seiner Gnade: Wir erleben erlösende Vergebung, Rechtfertigung und Annahme, himmlische Fürsprache, werden als Adoptivkind geliebt und erhalten eine neu erschaffene Identität. Dies ist so zentral für das Christentum, dass die Formulierung *in Christus* allein in den Briefen des Paulus über 100-mal vorkommt. Christus ist auch in uns.

Als ich einen Sommer im russischen Wolgograd verbrachte, kaufte ich als Mitbringsel mehrere russische Matroschka-Puppen. Diese Holzpuppen stecken ineinander. Vielleicht ist es hilfreich, sich unsere Vereinigung mit Jesus als drei identische Versionen einer solchen Puppe vorzustellen: groß, mittel und klein.

Da Jesus größer ist als wir, sind wir in ihn hineingestellt. Wir sind mit Christus in Gott verborgen (Kol 3,3). Die uns umhüllende Gegenwart Gottes ist das, was uns am meisten ausmacht. Hier sind wir am sichersten, am meisten geliebt und am zufriedensten. Aber wenn man uns öffnet, gibt es auch eine „kleinere Version" von Christus in uns drin. Christus ist auch in uns: „An jenem Tag werdet ihr erkennen, dass ich in meinem Vater bin und ihr in mir *und ich in euch*" (Joh 14,20, Hervorhebung des Autors). Es ist verblüffend, aber Jesus wohnt tatsächlich in uns.[25] Seine Gegenwart befähigt uns, die wahrhaftigste und reinste Version von uns selbst zu sein. Er bereinigt unsere Motive, stärkt unsere Entschlossenheit und verwandelt uns mithilfe des Heiligen Geistes. Indem wir diese Einheit mit Christus erfahren, können wir seine Kraft in uns aufnehmen und seine Gnade genießen.

Wir sind sozusagen die mittlere Matroschka-Puppe, und Gott möchte, dass wir Jesus innerhalb unserer eigenen Dimensionen

25 Diese beiderseitige Innewohnung Jesu – „du in mir und ich in dir" – ist das Ergebnis davon, dass der Geist in uns wohnt. Jesus erklärte den Jüngern: „Er bleibt bei euch und wird in euch sein" (Joh 14,17). Die Jünger sind nämlich besorgt über den Weggang Jesu, doch er tröstet sie mit der Verheißung seiner Gegenwart durch den Geist, was einer der Gründe ist, warum der Heilige Geist der Geist Jesu genannt wird (Phil 1,19). Der Geist ist der Kitt in unserer neu aufgebauten Beziehung zu Jesus.

widerspiegeln; dass wir die *Christus-Variante* unseres Ichs sind. Das bedeutet, dass wir in der uns umgebenden äußeren Gegenwart Jesu ruhen müssen: Wir wandeln entsprechend seiner Gedanken über uns; wir müssen das glauben, was er über uns sagt. Du gehörst ihm. Es bedeutet auch, den innewohnenden Sohn Gottes zu schätzen, der unser inneres Ich stärkt, das Tag für Tag erneuert wird (2Kor 4,16), und dessen Liebe durch den Heiligen Geist in unsere Herzen ausstrahlt (Röm 5,5). Er ist „Christus in euch, die Hoffnung der Herrlichkeit" und legt Zeugnis ab von einer Zukunft ohne Sünde, ohne Kummer und ohne Herzeleid – einer Zukunft voller Freude und Frieden (Kol 1,27). Wir sind in Christus, und Christus ist in uns.

Wir sind auf wunderbare Weise dazu geschaffen, in Jesu umhüllender Kraft und gemäß Jesu inniger Liebe zu handeln. Mit Christus außen und Christus innen haben wir alles, was wir brauchen, um die Turbulenzen des Dienstes zu überstehen. Der Sohn Gottes selbst ist mit uns, in uns und um uns herum, überall, wo wir hingehen. Wie Paulus sagt: „Alles ist euer, ihr aber seid Christi, Christus aber ist Gottes" (1Kor 3,22-23). Was sollten wir sonst noch brauchen?!

Die Dynamik des Evangeliums im Dienst

Wie wirkt sich die Einheit mit Jesus auf unseren Dienst aus? Diese Einheit erzeugt in unserer Leiterschaft eine *Dynamik des Evangeliums:* Wenn wir aus der Einheit mit Christus heraus mit anderen in Beziehung treten, haben wir die Kraft zu führen. Wenn wir aber aus unserer eigenen Kraft heraus mit Menschen in Berührung kommen, werden wir durch die Anforderungen der Führungsaufgaben ausgelaugt. Jahrelang wachte eine meiner Töchter mit mieser Laune auf. Sie reagierte nicht auf unsere

Fragen oder Anweisungen. Stattdessen verbreitete sie ihre schlechte Laune und war oft der Grund dafür, dass alle zu spät zur Schule oder zur Arbeit kamen. Wenn ich mir meiner Einheit mit Christus bewusst war, hatte ich viel mehr Geduld mit ihren Gefühlsschwankungen. Aber wenn ich aus meiner Kraft heraus handelte, war ich leicht frustriert und machte schnell eine verletzende Bemerkung. Das Gleiche gilt für den Dienst.

Ich habe deutlich mehr Kraft für den Dienst in der Gemeinde, wenn ich Christus in der Zurückgezogenheit, im Gebet und im Nachsinnen erlebt habe. Dieser tägliche Rückzug in seine Gegenwart stärkt mich für den bevorstehenden Tag. Die Freude an Christus hat etwas Geheimnisvolles an sich, ist aber eng mit der Wahrheit über Christus verbunden. Wenn ich also die Heilige Schrift lese, suche ich danach, was ich in dem Abschnitt über Gott lernen kann. Daran halte ich mich fest, denke darüber nach und rede im Gebet mit Jesus darüber. Nachdem ich mit Christus Gemeinschaft in seinem Wort gehabt habe, gehe ich spazieren.

Während meines Spaziergangs möchte ich meine Umgebung bewusst wahrnehmen. Ich danke Gott für die Stille, das Zwitschern der Vögel, die frische, kühle Luft, den strahlenden Sonnenschein, die herrlichen Blumen. Meine Umgebung weist mich auf den kreativen Schöpfer und souveränen Erhalter aller Dinge hin. Das führt mich zu einem persönlicheren Gespräch mit ihm, das besonders belebend ist. Wenn ich laut bete, wird mein Herz zu Gott hingezogen, was mir hilft, in Christus zu verweilen, während er in mir bleibt. Diese einfachen, schönen Momente liefern mir geistliche Energie für den Tag.

Sie geben mir auch etwas, auf das ich im Laufe des Tages zurückgreifen kann. Kürzlich dachte ich über Epheser 1 nach, und mir wurde plötzlich bewusst, dass ich oft so lebe, als hätte ich *nicht* alle geistlichen Segnungen in Christus Jesus. Dabei habe ich sie doch! Als ich schon jammern wollte, kam ich gedanklich zurück zu dieser grundlegenden Tatsache: Gott hat mir nichts vorenthalten, sondern hat mir *jeden* geistlichen Segen in der Himmelswelt in *Christus Jesus* gegeben (Eph 1,3). Er ist verschwenderisch und gut. Wir haben in Jesus alles, was wir brauchen.

Gnade wirkt

Man sagt oft, dass Gnade zwar unverdient ist, aber nichts dagegenspricht, sich anzustrengen. Damit unsere Gemeinden und Organisationen aufblühen können, müssen wir hart und gut arbeiten. Gnade wirkt.

Bilder für die Treue im Dienst

Anhand von drei Bildern veranschaulicht Paulus die für den Dienst erforderliche Treue: das Bild des Soldaten, des Sportlers und des Landwirts (2Tim 2,3-6).[26] Alle drei arbeiten hart und nach den Regeln ihrer Berufung. Ein Bauer schuftet, um den Boden zu bestellen. Ein guter Soldat bemüht sich, seinem Befehlshaber zu gehorchen. Ein Sportler trainiert, um zu gewinnen. Bei den griechischen Spielen mussten die Athleten vor einer Zeus-Statue schwören, dass sie zehn Monate lang hart trainiert hatten; das hieß, dass sie sich gut ernährt, diszipliniert gelebt und Sport getrieben hatten.[27]

---

26 In seiner hilfreichen Predigt über 2. Timotheus 2 beschreibt Dr. Greg Beale diese drei Typen: den treuen Soldaten, den gesetzestreuen Athleten und den fleißigen Bauern: https://www.thegospelcoalition.org/sermon/2-timothy-2/ (abgerufen am 17. Februar 2022).

27 C. S. Keener, *The IVP Bible Background Commentary: New Testament* (zu 1. Korinther 9,24-25); (InterVarsity Press, 1993).

Lance Armstrong gewann siebenmal in Folge die Tour de France, verhalf dem Radsport zu weltweiter Popularität und spendete über seine gemeinnützige Organisation *Livestrong* Hunderte von Millionen Dollar für die Krebsforschung. Er war ein lautstarker, dreister Sieger, der für seine Schadenfreude bekannt war. Doch nachdem er des Dopings überführt worden war, wurden ihm seine Titel aberkannt; sein Ruf war ruiniert, und seine gemeinnützige Organisation erlebte einen Niedergang. Die jährlichen Spenden sanken von 40 Millionen Dollar im Jahr 2009 auf 2,5 Millionen Dollar im Jahr 2018.

Kurz nachdem Armstrong lebenslang für den Radsport gesperrt worden war, traf ich mich mit einem Freund zum Mittagessen. Er flüsterte mir zu: „Guck mal nach rechts." Als ich beiläufig über die Schulter blickte, sah ich Lance mit heruntergezogener Mütze und abgetragenen Klamotten ganz in meiner Nähe sitzen. Er sprach sehr leise, denn er wollte offensichtlich nicht auffallen. Wenn wir dem Herrn nicht nach seinen heiligen Regeln dienen, riskieren wir, vom vollzeitlichen Dienst ausgeschlossen zu werden oder gar Schlimmeres.

Es kann verlockend sein, nach etwas anderem als Jesus zu greifen, um die schweren Zeiten zu überstehen. Manche Leiter ernähren sich ungesund oder essen zu viel. Andere distanzieren sich und werden unnahbar. Online-Beiträge ersetzen das Gebet. Treffen mit anderen Pastoren ersetzen die Seelsorge. Manche Leiter greifen zum Alkohol, um sich zu „entspannen" und sich von den Führungsanforderungen zu erholen. Die Abhängigkeit von etwas anderem als Jesus wird zum Scheitern führen und unsere Arbeit dem Untergang preisgeben. Ein Sportler wird nur gekürt, wenn er sich an die Regeln hält. Die Belohnung im Himmel wird groß sein, der Verlust jedoch auch.

Strenge dich für den Lohn an

Warum das alles ertragen? Für den Lohn! Alle drei Typen haben noch etwas anderes gemeinsam: *Sie arbeiten um des Lohnes willen.* Der Soldat dient für die Bestätigung seines Befehlshabers. Der Sportler wetteifert um den Siegeskranz, und der Bauer arbeitet für das Vergnügen, sich den Bauch mit selbst gezogenen Früchten vollzuschlagen. Unser Gott belohnt die, die ihn suchen (Hebräer 11,6).

Genieße den Lohn deiner Berufung! Predige am Sonntag aus vollem Herzen. Feiere in der Taufe neue Christen. Genieße beim Abendmahl die Gegenwart Jesu und seine Vergebung. Freue dich daran, mit jungen Gläubigen eine Jüngerschaftsbeziehung aufzubauen. Erzähle anderen Menschen, die keine Christen sind, mit Begeisterung vom Evangelium. Staune, wenn Leiter die Zügel des Dienstes in die Hand nehmen. Juble, wenn du siehst, wie die Armen aufgerichtet werden und den Menschen Gerechtigkeit widerfährt, die ungerecht behandelt wurden. Halte diese lohnenden Momente fest und verfolge ihren Glanz bis zu deiner zukünftigen Krone, einem Symbol des unendlichen Lohns, wenn wir die unsterbliche Gunst Jesu und die vollkommene Liebe seines Leibes in Gottes neuer Schöpfung genießen werden.

Standhaft leiten

Ein unerschütterlicher Hirte harrt angesichts von schmerzhaften Problemen aus, indem er:

- transparent ist und mit anderen über seine Probleme spricht.
- seine Probleme als Anlass sieht, sich als Sklaven Christi zu begreifen.
- nach den guten Gaben Gottes Ausschau hält und sich an ihnen erfreut.

- der Einheit mit Christus Vorrang vor persönlichen Stärken einräumt.
- für den Lohn arbeitet.

4.

Spaltung durch Worte

Eileen war ein faszinierender Mensch.[28] Man fühlte sich von ihrem Humor und ihrer lebenslustigen Persönlichkeit sehr schnell in den Bann gezogen. Sie lud jede Woche Leute nach Hause ein und ermutigte andere im Glauben. Sie war jemand, der die Gemeinschaft deutlich förderte. Doch indem sie sich sehr für eine edle Sache einsetzte, begann sie, Menschen abzuschrecken. Unter den Menschen in ihrem Dunstkreis bildete sich ein negativer und aufsässiger Geist. Schließlich mündete Eileens Unzufriedenheit in ein mühsames Jahr voller Treffen mit den Gemeindeverantwortlichen. Nach und nach trennten sich Eileens Freunde von der Gemeinde, was zur Zersplitterung des geistlichen Leibes führte. Welche Waffen setzten sie ein? Worte.

Wortgefechte

Worte können verletzen, und Worte können heilen. Salomo schreibt: „Da ist ein Schwätzer, dessen Worte sind Schwertstiche; aber die Zunge der Weisen ist Heilung" (Spr 12,18). Es ist nicht leicht, sich von wiederholten Stößen zu erholen. In den ersten Jahren unserer Ehe hatten meine Frau und ich stundenlange schreckliche Auseinandersetzungen. Sie sagte, dass etwas, was ich gesagt oder getan hatte, sie verletzt habe, und statt ihr

28 Ich habe hier eine fiktive Person erschaffen, die eigentlich auf einer Vielzahl von Menschen basiert, denen ich in meinem Dienst begegnet bin.

Mitgefühl zu erweisen, rechtfertigte ich mich und hielt ihr vor, wie sehr es mich verletzte, dass sie dachte, ich würde etwas tun, um sie zu verletzen! Sie antwortete dann: „Das habe ich doch gar nicht gesagt."

Und ich antwortete: „Doch, hast du!"

Wir drehten uns so lange im Kreis, bis meine Frau verzweifelt ausrief: „Ich weiß gar nicht mehr, worum es überhaupt ging!" Ich hatte den Wald vor lauter Bäumen nicht mehr gesehen und meine Frau fast verloren.

Paulus warnt die Gemeinden vor dieser Art von Streit: „Dies bringe in Erinnerung, indem du eindringlich vor Gott bezeugst, man solle nicht Wortstreit führen, was zu nichts nütze, sondern zum Verderben der Zuhörer ist" (2Tim 2,14). Er führt einen Begriff ein, um seinen Standpunkt zu verdeutlichen: *Wortstreit* setzt sich aus den Begriffen *logos* (Wort) und *machomai* (körperlicher Kampf) zusammen. Es liegt in unserem besten Interesse, das Kämpfen mit Worten zu vermeiden. Aber wenn wir nicht mit Worten kämpfen sollen, wie sollen wir unsere Meinungsverschiedenheiten dann lösen? Paulus sagt nicht, dass man nicht *mit* Worten diskutieren darf, sondern dass man nicht *über* Worte streiten soll. Zankt euch nicht über die Wortwahl des anderen. Hört mit einem wohlwollenden und barmherzigen Geist zu.

Nach einer Sonntagspredigt schrieb mir Eileen eine Textnachricht und äußerte sich besorgt über meine Verwendung des Begriffs „kognitive Minderheit". Sie war gekränkt, dass ich das Wort „Minderheit" verwendet hatte, ohne den ethnischen Minderheiten angemessene Aufmerksamkeit zu schenken. Natürlich kann das Wort unsensibel oder diskriminierend verwendet werden, aber ich hatte überhaupt nicht über die Probleme des Rassismus gesprochen. Ich hatte den soziologischen Begriff

„kognitive Minderheit“ verwendet, um die Glieder unserer Gemeinde darin zu bestärken, sich nicht entmutigen zu lassen, wenn ihre biblischen Ansichten im Gegensatz zum allgemeinen kulturellen Konsens stehen. Als treue „Minderheit des Evangeliums“ sollten wir unsere Überzeugungen weder durch liberale noch durch konservative Denkweisen prägen lassen.

Leider versteifte sich Eileen auf das Wort „Minderheit“ und riss es aus dem von mir gewählten Kontext. Ich hörte ihr zu, um sie besser verstehen zu können, und bestätigte ihre Sorge um Minderheiten. Im weiteren Verlauf unserer Diskussion wurde jedoch deutlich, dass ihr ihr kulturelles Lexikon wichtiger war als die von mir beabsichtigte Bedeutung oder der biblische Kontext der Predigt. Diese Haltung gegenüber Predigten wurde zu einem ständigen Problem: Sie achtete auf bestimmte Formulierungen oder Bezüge zu aktuellen Ereignissen, statt die von mir beabsichtigte biblische oder homiletische Botschaft zu berücksichtigen.

Paulus warnt davor, dass solche Streitigkeiten zum *Verderben* der Zuhörer sind: ein Wort, das auch mit „zerstören“ übersetzt werden kann. Da Eileen weiterhin ihre kulturelle Meinung über die Heilige Schrift stellte, teilte sie ihre Bedenken mit Freunden und vergiftete deren Meinung über die Gemeindeleiter. Infolgedessen breitete sich ihre ungnädige Kritik aus, belastete die Beziehungen, säte Zwietracht und schürte das Misstrauen gegenüber den Gemeindeleitern. Schließlich verließen die meisten Menschen aus ihrem Umfeld die Gemeinde. Wortstreitereien hatten zum Verderben geführt.

Denke einmal einen Augenblick darüber nach, wie Gott auf unsere Worte über ihn reagiert. Obwohl er uns die Heilige Schrift als unfehlbare Richtlinie gegeben hat, duldet er seit

Jahrtausenden unsere Irrtümer und Ungenauigkeiten. Ich habe selbst schon falsche Ansichten über Schöpfung und Erlösung vertreten – sogar über seinen Geist und seinen Sohn –, und doch habe ich mich nie von ihm verurteilt gefühlt. Wenn wir theologisch daneben liegen, kommt noch lange kein Blitz vom Himmel. Gott ist geduldig. Er weiß, dass sich unsere Theologie und unser Glaube im Laufe der Zeit entwickeln. Was wäre, wenn wir die gleiche Art von geduldiger Großzügigkeit einander gegenüber praktizieren würden? Was wäre, wenn wir die Anweisung Jesu beherzigen würden, auf den Balken in unseren eigenen Augen zu achten, statt auf den Splitter in den Augen der anderen zu starren?

Natürlich gibt es Zeiten, in denen wir Korrekturen brauchen. Aber wenn Gott uns durch das beständige Zeugnis der Heiligen Schrift und von kompetenten Lehrern korrigiert, dann tut er das mit einem Herzen voller Liebe. Wir dagegen fallen oft mit hartem Herzen und mangelndem Verständnis übereinander her. Was wäre, wenn Christen eine Haltung der Liebe einnähmen, wenn sie sich gekränkt fühlen: wenn eine Vielzahl von Sünden bedeckt würden, wenn man Böses nicht zurechnen würde, wenn man alles ertragen, alles glauben, alles hoffen und alles erdulden würde? Wir könnten uns einem konstruktiven Friedensprozess zuwenden statt einer destruktiven Zerstörung.

Wortgefechte führen oft zu Streit, Lästerung und bösen Verdächtigungen (1Tim 6,4). Die Verantwortlichen in unserer Gemeinde trugen die Hauptlast der hinter ihrem Rücken stattfindenden Verleumdungen und des allgegenwärtigen Misstrauens, die zu Streit führten. Diese Art von Konflikten zehrt an den Leitern und entzieht ihnen emotionale, körperliche und geistliche Energie. Paulus hat recht: Wortgefechte sind nicht gut.

Schlimmer noch, sie können eine Gemeinde zerreißen. Aber Liebe erbaut auf und macht die Gemeinde zu einer Gemeinschaft, die das Beste von anderen annimmt, im Zweifelsfall nachsichtig ist und Meinungsverschiedenheiten wohlwollend ausräumt. Wie meine Ehestreitigkeiten haben auch Wortgefechte die Macht, Beziehungen zu zerstören.

Leitung angesichts kontroverser Angelegenheiten

Wenn Christen es vermeiden sollten, Wortgefechte zu führen, sollten wir dann Kontroversen ganz aus dem Weg gehen? Paulus diskutierte häufig mit griechischen und römischen Philosophen auf der Agora, mit jüdischen Schriftgelehrten in den Synagogen und mit Christen in ihren Gemeinden. Er war bekannt dafür, dass er „Wortwechsel" ausführte: ein positives Wort für seine Argumente in einem Austausch, der als „nicht gering" beschrieben wird (Apg 15,1-2). Paulus ging Kontroversen nicht aus dem Weg, ganz wie sein Erlöser. Jesus debattierte öffentlich mit religiösen Führern und forderte das Denken aller heraus. Er wurde von konservativen Pharisäern und progressiven Sadduzäern kritisiert. Jesus scheute sich nicht vor Kontroversen.[29] In ähnlicher Weise sind Pastoren aufgerufen, Vorbilder darin zu sein, gesunde Wortwechsel zu führen und gleichzeitig nicht „krank an Streitfragen und Wortgezänken" zu werden (1Tim 6,4).

Eine Kontroverse ist mehr als ein Missverständnis zwischen Menschen. Sie bricht aus, wenn sich zwei Parteien unversöhnlich gegenüberstehen. Auch wenn man über manche Wahrheiten durchaus diskutieren kann, wird sie oft von der entstehenden

29 Siehe das hilfreiche, wenn auch etwas veraltete Buch von John Stott, *Christ in Conflict: Lessons from Jesus and His Controversies* (IVP [US], 2013), S. 19–20.

Auseinandersetzung überlagert. Ungesunde Begierde setzt ein, wenn Menschen viel lieber recht haben wollen, als respektvoll zu sein, und mehr daran interessiert sind zu gewinnen, als zu lieben. Infolgedessen rechtfertigen sie hasserfüllte Äußerungen und unfreundliche Handlungen.

Hinter vielen Kontroversen steckt geistlicher Betrug. Unser wahrer Feind ist weder die Oppositionspartei noch ein anderes Gemeindemitglied. Unser Feind ist Satan. Unsere Familie ist die Gemeinde. Wir kämpfen nicht gegen Fleisch und Blut, sondern gegen Mächte und Gewalten. Ohne Anspruch auf Vollständigkeit sind hier einige Grundsätze aufgeführt, die wir inmitten von kontroversen Auseinandersetzungen im Auge behalten sollten.

Bete, bete, bete

Wir können uns so sehr in die Details einer Auseinandersetzung verstricken, dass wir den dahinterstehenden geistlichen Krieg aus den Augen verlieren. Als ich von einem Ältesten zu Unrecht angegriffen wurde, hätte ich mich leicht von seinen Anschuldigungen herunterziehen lassen können. Bin ich wirklich untauglich für den Dienst? Verdiene ich seinen Zorn? Sich selbst zu reflektieren ist zwar wichtig, aber der Feind versucht, uns an dieser Stelle gefangen zu nehmen. Es dauerte einige Zeit, bis ich erkannte, dass unser Konflikt nicht auf einem Missverständnis beruhte, sondern eine geistlich provozierte Kontroverse war. Und dann begann ich ernstlich zu beten.

Während des Betens begann sich der Nebel zu lichten. Die Menschen, die von dem betrügerischen Verhalten des Ältesten mitgerissen worden waren, begannen zu erkennen, was vor sich ging. Sie mussten die Kontroverse nicht als persönlichen Konflikt, sondern als geistliche Provokation erkennen. Wenn eine Auseinandersetzung ausbricht, ergreife deine geistliche Rüstung und bete ohne Unterlass. Bete gegen den Feind und für deine Gegner. Bete um ein weiches Herz und einen starken Geist. Bete um Demut und Gnade, um durchzuhalten. Bete, dass Gott die Ehre gegeben wird.

Höre gut zu

Als junger Mann in einer Führungsrolle fiel es mir schwer, irgendeine Art von Kritik anzunehmen. Ich dachte, ich würde alle theologischen Antworten kennen und alle anderen hätten die Aufgabe, mir zuzustimmen. Schließlich versuchte ich, der Heiligen Schrift treu zu sein (auch wenn meine Auslegung selektiv war!). Infolgedessen missverstand ich Fragen und deutete sie als mangelnde Unterstützung. Ich hörte nicht gut zu. Wenn ich merkte, dass ein Mitarbeiter Schwierigkeiten hatte, unsere Vision zu erfassen, unterbrach ich ihn, um ihn in die richtige Richtung zu lenken. Schließlich entlud sich der Frust während einer Teamübung.

Ein Mitarbeiter offenbarte mir, dass er sich nicht respektiert fühlte, wenn ich ihm das Wort abschnitt. Ich war völlig überrascht. Da ich die Antwort auf seine Frage kannte, dachte ich, ich täte ihm einen Gefallen, wenn ich ihn effizient zur richtigen Schlussfolgerung führte. Er erklärte mir, dass er durch die Möglichkeit, Dinge zu verarbeiten und Fragen zu stellen, zu einer eigenen Schlussfolgerung gelangen konnte, statt sie präsentiert zu bekommen. Mir ging ein ganzer Kronleuchter auf. Ich entschuldigte mich und bemühte mich bewusst, meine Mitarbeiter ausreden zu lassen.

Manchmal müssen wir mit Menschen einmal um die ganze Scheune herumlaufen, bis wir am Tor stehen. Sonst gehen sie vielleicht gar nicht rein. Sie brauchen Freiraum, um eigene Schlussfolgerungen zu ziehen. Manchmal müssen die Leute einfach nur ihre Arbeit machen; nicht alles steht zur Debatte, aber wenn wir nicht gut zuhören, nicken die Leute zwar vielleicht zustimmend, schieben aber innerlich Frust. Eine gute Führungskraft hört anderen zu, auch wenn es sich ineffizient anfühlt, denn Liebe ist ineffizient. Jesus hätte mit den Fingern schnippen und alles abhaken können, die Schöpfung, die Erlösung, die Menschheitsgeschichte – alles –, aber stattdessen ließ er Effizienz Effizienz sein und stürzte sich in unser Chaos, um eine neue Schöpfung zu bewirken. Höre gut zu, und du wirst gut lieben können.

Bestätige, was richtig ist

Wenn wir anderen zuhören, ist es wichtig, auf die Dinge zu achten, die richtig sind. Konflikte sind zweigleisig, und beide Seiten müssen Veränderungen in Kauf nehmen. Gott möchte uns in das Bild seines Sohnes verwandeln, und das auch inmitten von Auseinandersetzungen. Wenn wir Dinge hören, die wahr und gut sind, sollten wir sie bestätigen. Wenn wir etwas hören, das uns überführt, sollten wir uns entschuldigen und Buße tun. Wenn wir Zeit brauchen, um über etwas nachzudenken, sollten wir das sagen und darauf achten, dass wir das Thema nach einer Zeit des Nachdenkens und Betens weiterverfolgen. Würdige das, was gut und richtig ist, unabhängig davon, woher es kommt. Begegne denen, die sich dir widersetzen, mit Achtung und Würde.

Filtern durch den Geist

Wer *defensiv* zuhört, wird leicht von einer Kontroverse überrollt. Ein defensiver Mensch hört lange genug zu, um Munition für seine Argumente zu sammeln. Sein Ziel ist es, recht zu behalten. Auch durch *nachgiebiges* Zuhören können wir eine Kontroverse anheizen. Ein nachgiebiger Mensch hört zu, ohne die Wahrheit zu sagen. Sein Ziel ist es, akzeptiert zu werden, selbst wenn das eine Notlüge erfordert oder er das Wirken des Geistes ignorieren muss. Statt defensiv oder nachgiebig zu sein, solltest du alles durch den Heiligen Geist filtern.

Ein gottesfürchtiger Leiter achtet auf zwei Dinge: Er hört dem Menschen zu und hört auf den Geist. Filtere beim Zuhören das, was gesagt wird, durch die Heilige Schrift und achte auf jede Diskrepanz. Dadurch spricht der Geist am deutlichsten. Wenn dir Bedenken kommen, bitte Gott um Unterscheidungsvermögen durch seinen Geist und um Weisheit, was du ansprechen solltest. Vergiss nicht, angesichts des Bösen geduldig zu sein und deine Kontrahenten mit Sanftmut zu korrigieren. Wenn du jemanden korrigieren musst, vermeide es, ihn auf der Grundlage deiner allgemeinen geistlichen Meinung zu korrigieren. Berufe dich stattdessen auf die gemeinsam wahrgenommene Autorität der Heiligen Schrift. Filtere das, was gesagt wird, durch den Geist.

Wissen, worauf man sich einlässt

Ich habe schon zu vielen Sitzungen beigewohnt, die sich als Hinterhalt entpuppten. Wenn eine kritisch gesinnte Person um ein Treffen bittet, solltest du dich nicht scheuen, sie zu fragen, welches Thema sie besprechen möchte. So können wir über dieses Thema nachdenken und beten, statt blindlings ins Ungewisse zu tappen. Es ist auch ratsam, einen anderen Gemeindeverantwortlichen oder Pastor zu bitten, sich dir anzuschließen. Dadurch werden mehr Leute beten, und es gibt einen Zeugen, falls etwas aus dem Ruder läuft. Direkt am Anfang solltest du dein Gegenüber fragen, was er oder sie sich von der Besprechung für ein Ergebnis erhofft. So kommt die wirkliche Tagesordnung auf den Tisch, und Wortgefechte werden vermieden.

Dr. David Smith ist für 250 Gemeinden in unserem Gebiet verantwortlich. Er hat viele von ihnen durch Gemeindekonflikte geführt. Als ich ihn einlud, einen Konflikt mit einem mir feindlich gesinnten Gemeindemitglied zu schlichten, fragte er mich, was die Person eigentlich wolle. Ich hatte keine Ahnung. „Das", sagte er, „muss dein erster Schritt sein." Als er mit einer Gruppe zusammentraf, die Anschuldigungen gegen mich vorbringen wollte, lautete seine erste Frage: „Was wünscht ihr euch von diesem Treffen?" Als klar wurde, dass jemand meinen Rücktritt wünschte, fragte David: „Gibt es dafür einen moralischen, ethischen, juristischen oder biblischen Grund?" Die Gruppe gab zu, dass keiner dieser Gründe vorlag. Davids Nachbohren entlarvte eine unbiblische Absicht, was mir zu meinem Recht verhalf. Die Kontroverse wurde von Machthunger getragen. Es kann sehr hilfreich sein, zu wissen, worauf man sich einlässt.

Es ist auch ratsam, Menschen am Anfang eines Konfliktgesprächs darum zu bitten, mit Gebet zu beginnen und im Gebet Gott um gegenseitige Demut, um Geduld, Weisheit und Gnade zu bitten. Wenn sie sich weigern zu beten, kann das ein Zeichen dafür sein, dass sie nicht bereit sind, den Konflikt zu lösen. Bete also zu Beginn, während und am Ende des Treffens: *Herr, hilf uns!*

Bleibe nahe bei Jesus

Es ist so wichtig, während einer Auseinandersetzung in der Nähe von Jesus zu bleiben. Wenn wir ihm nahe sind, erfahren wir sein mitfühlendes Herz für die Leidenden. Er ist den Niedergeschlagenen und den Menschen mit gebrochenem Herzen nahe. Eine enge Beziehung zu Christus lässt uns auch demütig sein und macht uns bereit für das verändernde Werk, das Gott in uns tun will. Wenn wir uns eng an Jesus halten, sind seine Worte lauter als die Worte unserer Kritiker. Wir werden daran erinnert, dass wir vor allem seine Jünger sind und nicht hauptsächlich Pastoren; wir sind die geliebten Söhne oder die geliebten Töchter des Vaters und nicht hauptsächlich Mitarbeiter. Das macht uns frei, berechtigte und faire Kritik zu akzeptieren, ohne am Boden zerstört zu sein, und ungerechte Anschuldigungen zurückzuweisen, ohne verbittert zu werden.

Leeres Geschwätz

Nur weil wir in Auseinandersetzungen diese biblischen Grundsätze anwenden, heißt das nicht, dass immer nur eitel Sonnenschein herrschen wird. Oft werden die Dinge erst schlimmer, bevor sie besser werden. Sobald Satans Angriff aufgedeckt ist, versucht er oft eine andere Taktik. Streitgefechte können sich zu dem entwickeln, was Paulus als „die unheiligen, leeren Geschwätze" bezeichnet, die viele Menschen beeinflussen und sich wie Wundbrand ausbreiten (2Tim 2,16-17).

Wundbrand bewirkt eine Verfärbung von Körperteilen, verursacht durch mangelnde Blutzufuhr. Er kann zu einer körperweiten Blutvergiftung und sogar zum Tod führen. Ein respektloser Schwätzer bedroht die gesamte Gemeinschaft der Geschwister mit seiner ungefilterten Rede. Es handelt sich um eine Person, die sich ständig über die schlechten Eigenschaften oder Entscheidungen anderer auslässt. Andere lassen sich von dieser Sichtweise vergiften und haben wenig Ehrfurcht vor denjenigen, die ihnen als Autoritätsperson dienen. Sie betätigen sich als Internet-Trolle, durchforsten die sozialen Medien nach bestimmten Schlagwörtern, kritisieren Predigten wegen bestimmter Ausdrücke, verurteilen Gehörtes anhand ihres Lexikons der Vorurteile und korrigieren oder tadeln andere leidenschaftlich gerne. Ihre Rede ist wie viele Schwertstiche. Paulus rät, solch unheiliges und leeres Geschwätz zu vermeiden. Lass dich nicht darauf ein. Deaktiviere den Daumen, distanziere dich, weise sie zurecht.

Auch Eileen fing an, unheilige und leere Phrasen von sich zu geben. Sie hörte auf, Führungspersonen zu ermutigen, und sprach sogar herablassend mit ihnen. Als die Ältesten sich mit ihr trafen, um sie zu einer gottesfürchtigeren Rede aufzufordern, wurde uns gesagt, wir sollten nicht den „Ober-Jesus" raushängen lassen. Sie bagatellisierte Jesus. Nur ihre Meinung zählte. Als wir sanft versuchten, sie wegen ihres schlechten Redens zu korrigieren, beschuldigte sie uns, sie sexistisch zu behandeln. Als sie uns verließ, musste die Gemeinde die Scherben der zerbrochenen Beziehungen aufsammeln, die ihre falsche Anbetung hinterlassen hatte.

Im Nachhinein betrachtet hätten die Ältesten sie viel früher ermahnen müssen. Wir wollten ihr Gehör schenken und die Sache durch den Geist prüfen, aber wir duldeten eine den Körper bedrohende Krankheit. Unheilig Schwätzende müssen zum Wohle der Gemeinde eher früher als später zurechtgewiesen werden. Auch wenn man die Zündschnur verlängert, geht die Bombe trotzdem hoch. Wenn du streitsüchtige Worte, unheiliges Geschwätz und eine Geringschätzung der Autoritätspersonen mitbekommst, warte nicht ab. Fordere solche Leute auf, Buße für ihre Sünden zu tun und zu Jesus umzukehren. Berufe dich auf die Autorität Christi, nicht auf deine eigene, und sprich die Wahrheit in Liebe.

Wenn es dir schwerfällt, mit solchen Menschen so zu sprechen, als hättest du nur warme Gefühle im Herzen, ist das in Ordnung. Ein Leiter muss sein Volk verteidigen, umherirrende Schafe einfangen und Wölfe abwehren, vor allem, wenn es richtig schwierig wird. Als Jesus Petrus zurechtwies, machte er innerlich keine Luftsprünge. Als Petrus Hananias und Saphira zur Rede stellte, brach es ihm das Herz: „Warum hast du dir diese Tat in deinem Herzen vorgenommen? Nicht Menschen hast du belogen, sondern Gott" (Apg 5,4). Aber Petrus hatte von Jesus gelernt, wie wichtig es aus Liebe zur Gemeinde ist, Götzendienst zu entlarven.

Leiten unter der Verwendung von Gottes Wort

Es ist zwar wichtig, zu überlegen, wie man Worte vermeidet, aber noch wichtiger ist es, zu wissen, wie man Worte *verwendet*. Die von Paulus vorgeschlagene Lösung zum Umgang mit Wortgefechten besteht nicht nur darin, jemanden zu korrigieren, sondern mit den Worten Gottes wie ein erfahrener Facharbeiter umzugehen: „Strebe danach, dich Gott bewährt zur Verfügung zu stellen als einen Arbeiter, der sich nicht zu schämen hat, der das Wort der Wahrheit recht austeilt!" (2Tim 2,15). Diese Aufforderung steht zwischen den Ermahnungen in Bezug auf Leute, die die Urheber von Wortstreit und Geschwätz sind. Es ist eine Erinnerung daran, dass wir mit dem Wort Gottes arbeiten müssen, wenn wir als Hirte dienen. Wir müssen uns auf das Wort Gottes verlassen, nicht auf bewährte Praktiken oder strategische Ziele. Aber die Bibel ist kein Rätsel, das wir lösen müssten, oder ein apologetisches Handbuch, das wir zu Rate ziehen könnten; sie ist göttliche Rede, die wir auslegen und beherzigen müssen. „Strebe eifrig danach", sagt Paulus (vgl. SLT), was auch mit „Setze alles daran" übersetzt wird (vgl. NeÜ).

Setzt du alles daran, gut mit Gottes Wort umgehen zu können? Würde deine Exegese den Test Gottes bestehen? Oder verlässt du dich zu sehr auf sekundäre Quellen, kopierst von anderen Predigern oder ahmst die Führungsstrategien anderer Leiter nach? Je nach deiner Begabung setzt du vielleicht alles auf deine neue Methode, dein Konzept oder deine Lieblingstheologie, aber wenn wir vor Gott stehen, um Rechenschaft über unseren Dienst abzulegen, wird er nicht nach unseren Methoden, Konzepten oder theologischen Erkenntnissen fragen. Er wird wissen wollen, wie wir seinen Kindern sein Wort ausgeteilt haben.

Wie teilen wir Gottes Wort aus? Wir sollen es „recht" austeilen. Dieser Begriff drückt aus, dass man etwas „gerade schneidet". Wenn man ein gerades Brett braucht, muss es richtig zugeschnitten werden. Bevor wir in ein neues Haus einzogen, beauftragten wir einen Schreiner mit dem Bau eines Kaminsimses. Als ich den Kamin inspizierte, bemerkte ich einen Spalt zwischen dem Sims und der Wand. Der Sims war nicht ganz bündig mit der Rigipsplatte. In der Annahme, dass der Schreiner die Platte nicht richtig zugeschnitten hatte, wies ich ihn auf die Lücke hin. Er erwiderte: „Die Wand ist schief." Ich dachte, er machte Witze! Aber er erklärte mir, dass er seine Bretter immer gerade zuschneide und dass die Wände oft uneben seien. Ein Arbeiter, der sich nicht schämen möchte, bemüht sich, das Wort gerade zu schneiden, und wenn er das tut, legt die Bibel die Lücken in unserem Leben frei.

Um das Wort recht auszuteilen, müssen wir uns bemühen, die Absicht des biblischen Autors zu beachten. Was wollte Jesus, Paulus oder Mose sagen? Oft gehen wir mit unseren eigenen Zielen oder Erwartungen an einen Text heran. Auf der Suche nach Ermutigung machen wir vielleicht aus einem verurteilenden

Psalm einen warmen Wohlfühltext. Wenn wir Grundannahmen haben, wie Gott zu Themen wie Rasse, Geschlecht oder Gender eingestellt ist, lesen wir diese Annahmen vielleicht in den Text hinein. In unserem Eifer, ein Thema anzusprechen, verfälschen wir womöglich den Bibeltext, um eine uns wichtige Aussage zu treffen. Aber Paulus sagt, dass wir Konflikte lösen sollen, indem wir die Absicht des Autors respektieren. Unsere Aufgabe besteht darin, die beabsichtigte Bedeutung aus dem Text herauszulesen und in das Leben der Menschen zu übertragen, denen wir als Pastor dienen.

Es ist auch wichtig, andere zu lehren, das Gleiche zu tun. Wenn sie ein Anliegen haben, das im Widerspruch zur Bibel steht, lehre sie, den göttlichen Autor über den fehlbaren Ausleger zu stellen und Gottes Ansichten höher zu bewerten als ihre eigenen Meinungen. Arbeite so lange am Bibeltext, bis die Wahrheit ans Licht kommt. Ehre die Absicht des Autors und ringe um die Hilfe des Heiligen Geistes, sie der Gemeinde zu vermitteln.

Wir sollten Gottes Wort mit großem Eifer austeilen, um Gottes Maßstäben zu entsprechen, nicht den Maßstäben unserer Gemeinde oder Kultur. Um das zu können, müssen wir sorgfältig die Schrift erforschen, um geistgewirkte Erkenntnis seines Wortes flehen und Gott bitten, unsere unsichtbaren eigenen Pläne zu dekonstruieren. Das tun wir, um seinen Willen für seine Nachfolger glasklar darzustellen: So können wir die Lücken schließen. Wenn wir das Wort gerade schneiden, können wir sicher sein, dass Gott sein Werk tun wird. Manchmal erleben wir, wie Menschen Christus ähnlicher werden. Ein anderes Mal lehnen Menschen sein Wort ab oder verdrehen es. So oder so – wenn wir Gottes Worten treu sind, können wir das Resultat getrost ihm anvertrauen.

Lass dich vom Evangelium leiten

In Zeiten voller Spaltungspotenzial ist es für Leiter und ihre Gemeinden unerlässlich, an der Einheit mit Christus festzuhalten. Andernfalls werden wir auseinandergerissen. Weil ihm bewusst ist, wie wichtig dieser Punkt ist, sagt Paulus: „Dies bringe in Erinnerung", bevor er seine Leser auffordert, nicht mit Worten zu streiten (2Tim 2,14). „Dies" bezieht sich auf seine grundlegende, poetische Erinnerung an das Evangelium (2Tim 2,11-13):

> *Denn wenn wir mitgestorben sind,*
> *werden wir auch mitleben;*
> *wenn wir ausharren,*
> *werden wir auch mitherrschen;*
> *wenn wir verleugnen,*
> *wird auch er uns verleugnen;*
> *wenn wir untreu sind –*
> *er bleibt treu,*
> *denn er kann sich selbst nicht verleugnen.*

Diese poetischen Worte des Paulus erinnern einprägsam daran, wie schön ein Leben in Gemeinschaft mit Christus ist. Die ersten, ausdrucksstarken Zeilen erinnern uns daran, dass wir, wenn wir mit Christus gestorben sind – der Sünde, dem Tod und der Hölle gestorben –, auch mit Christus leben werden – in Gerechtigkeit, in der Auferstehung und in einer neuen Schöpfung. Unser in der Vergangenheit liegender Tod führt unweigerlich zu einem herrlichen zukünftigen Leben mit Christus. Dieses künftige Leben ist „bereits jetzt", aber „noch nicht vollkommen". Das neue Leben in Christus, das uns befähigt, in kontroversen Situationen geduldige Leiter zu sein, besitzen wir bereits. Aber weil wir immer wieder ungeduldig mit anderen sind, werden wir auch daran erinnert, dass das neue Leben noch nicht vollkommen verwirklicht ist. Wenn unsere Nerven blank liegen, erleben wir Hoffnung, sobald wir uns daran erinnern, dass uns ein unerschöpfliches Leben bevorsteht.

Die eschatologischen Untertöne der ersten Zeile setzen sich in den Zeilen 3 und 4 fort: Wenn wir ausharren, werden wir auch mit ihm herrschen. Die Belohnung für unser Ausharren ist schockierend – wir werden mit dem Herrn aller Dinge über Gottes neue Schöpfung herrschen: „Wer überwindet, dem werde ich geben, mit mir auf meinem Thron zu sitzen" (Offb 3,21). Diese würdevolle Verheißung ist ein tröstlicher Gedanke, wenn wir gedemütigt oder verspottet werden. Mach weiter, lieber Pastor! Kopf hoch, lieber Leiter! Egal, was andere denken, Jesus ist so gnädig mit dir, dass er dich auf seinen Thron setzen wird! Von seinem Schoß aus regieren! Diese Belohnung ist nicht nur für Leitungspersonen bestimmt. In der neuen Schöpfung Christi wird jeder sich abmühende Heilige seine Vollendung im neuen Leben in Christus finden, erfüllt von den Tugenden Christi in einer erneuerten Schöpfung.

Wer Christus dagegen aus Unglauben verleugnet, zahlt einen schrecklichen Preis: Jesus wird auch ihn verleugnen. Jesus sagt zu denen, die ihm nur scheinbar nachfolgen: „Ich habe euch niemals gekannt. Weicht von mir, ihr Übeltäter!" (Mt 7,21-23). Den wahren Gläubigen jedoch verspricht er, treu zu sein, auch wenn sie untreu sind. Was ist der Unterschied zwischen Treulosigkeit im Glauben und Verleugnung im Unglauben? Treulosen Christen fällt es schwer, Christus zu vertrauen, aber ungläubige Leugner wenden sich ihm gar nicht erst zu. Die Treulosen stolpern zwar durch Hagelschauer, aber Christus hält an ihnen fest.

In Zeiten der kulturellen Polarisierung kann es verlockend sein, Trost in einem parteigebundenen Christus zu finden, der einen Heiligenschein über unsere politischen Ansichten hängt. Aber der biblische Jesus ruft uns auf, der Welt zu entsagen und ihm zu folgen – uns vom Evangelium leiten zu lassen.

Und wenn wir untreu sind, ist er treu. Warum? Er kann sich selbst nicht verleugnen. Die Treue Christi zu uns ist in seiner Ontologie begründet. Der Neutestamentler Gordon Fee kommentiert: „Uns gegenüber untreu zu sein würde bedeuten, dass Gott aufgehört hat zu sein.“[30] Jesus kann nicht aufhören zu sein, denn er ist der ICH BIN. Gott ist mit seinen Leuten durch seinen Bund grundsätzlich in unermesslicher, unsterblicher Liebe verbunden. Ausgestattet mit dem vollkommenen Pfand der Bundesliebe Gottes haben wir diebstahlsichere Ressourcen, um eine zerbrochene und oft kriegerische Welt zu lieben.

Standhaft leiten

Ein unerschütterlicher Hirte nimmt an einer Auseinandersetzung teil, indem er:

- Wortgefechte vermeidet und Schwätzer korrigiert.
- durch Kontroversen führt, indem er betet, zuhört, bestätigt und prüft.
- Menschen mit Gottes Wort korrigiert, nicht mit der persönlichen Meinung.
- das Wort gerade schneidet und es die Arbeit machen lässt.

30 Gordon Fee, *1 & 2 Timothy, Titus* (Baker, 2012), S. 251.

5.

Das Zeitalter des Individualismus

Nachdem sie in der unzuverlässigen TARDIS durch Raum und Zeit gerast sind, landen Doktor Who und seine Begleitung auf einem unbekannten Planeten.[31] Als der Doktor die Tür der TARDIS öffnet, steigt seine Begleitung aus und fragt: „Wann sind wir?“ Obwohl wir noch nicht durch den interdimensionalen Raum reisen, ist diese Frage eine der wichtigsten, die man stellen kann. Es gibt zwei Antworten auf die Frage „Wann sind wir?“. Wenn wir das begreifen, können wir Weisheit und Kraft für unseren Dienst gewinnen. Die erste Antwort zeigt uns, wann wir uns *theologisch* gesehen befinden. Paulus sagt: Wir befinden uns in den letzten Tagen. Die zweite Antwort hat mit unserer *Kultur* zu tun: Wir befinden uns im Zeitalter des Individualismus. Wie können wir ein guter Leiter sein in diesen letzten Tagen, die stark von Eigenliebe befleckt sind?

Die letzten Tage

Wenn wir uns wirklich in den letzten Tagen befinden, sollten wir dann nicht über den bevorstehenden Einschlag eines gewaltigen

31 TARDIS steht für „Time **A**nd **R**elative **D**imensions **I**n **S**pace“ (in der deutschen Synchronisation „**T**rips **a**ufgrund **r**elativer **D**imensionen **i**m **S**ternenzelt) und ist der Name der Zeitmaschine der britischen Science-Fiction-Figur Doctor Who. Die TARDIS verfügt über eine Tarntechnologie, die es ihr ermöglicht, ihre äußere Form der natürlichen Umgebung anzupassen. Leider versagte diese Technologie nach einer Reise nach England, sodass die TARDIS in der Form einer britischen Polizeinotrufbox (Callbox) feststeckt.

Asteroiden informiert worden sein? Vielleicht sollten wir Zeugen spontaner Entrückungen und fahrerloser Autos werden, die heftig ineinander krachen. Oder vielleicht hat jemand Elia gesichtet. Was ist das Zeichen der Endzeit? Paulus schreibt: „Dies aber wisse, dass *in den letzten Tagen* schwere Zeiten eintreten werden" (2Tim 3,1, Hervorhebung des Autors). Das Wort *chalepos* bedeutet mühsame, stressvolle Zeiten. Intensiver Stress ist so ein Zeichen der Zeit.

Eine Umfrage der *American Psychiatric Association* aus dem Jahr 2020 ergab, dass 62 Prozent der Amerikaner mehr Angst empfanden als im Jahr zuvor. Diese Zahl ist zudem fast doppelt so hoch wie die Vergleichszahlen aller drei vorangegangenen Jahre.[32] Als Gründe werden unter anderem die Besorgnis über das Coronavirus, Waffengewalt, Politik, finanzielle Unsicherheit und die Auswirkungen des Klimawandels genannt. Unser Gewissen wird durch schwierige Fragen unter Druck gesetzt: Bin ich gegen Rassismus? Werde ich COVID bekommen? Wen soll ich wählen? Steht ein Krieg bevor? Diese Menge an Fragen belastet das eigene Leben und erschwert darüber hinaus die geistliche Verantwortung der Gemeindeleitung.

Aber die letzten Tage sind auch durch etwas Herrliches und Positives gekennzeichnet. Zu Pfingsten verkündete Petrus: „Und es wird geschehen in den letzten Tagen, spricht Gott, dass ich von meinem Geist ausgießen werde auf alles Fleisch" (Apg 2,17; zitiert nach Joel 3,1). Das Ausgießen des Geistes Gottes über alle Völker, nicht nur über den einen oder anderen alttestamentlichen Propheten, war ein Zeichen dafür, dass die letzten Tage

32 American Psychiatric Association, „APA Public Opinion Poll – Annual Meeting 2020", 14.–16. September 2020; https://www.psychiatry.org/ newsroom/apa-public-opinion-poll-2020 (abgerufen am 17. Februar 2022).

angebrochen waren. Die Endzeit wurde durch das Ausgießen des Geistes eingeleitet.

Uns fällt die Vorstellung schwer, dass sich „die letzten Tage" vom 1. bis zum 21. Jahrhundert erstrecken, aber das liegt daran, dass wir die Chronologie über die Theologie stellen. Wenn wir diesen Begriff hören, denken wir oft an *Zahlen* – wie viele Tage bleiben noch bis zum Ende der Welt oder bis Jesus wiederkommt? Aber die Bibel lenkt den Blick auf die *Erlösung*: Was ist jetzt anders, nachdem Jesus gekommen ist? In der Bibel wird die Zeit mit der Uhr des Evangeliums gemessen. Als Jesus zur Rechten des Vaters auffuhr und unsere Erlösung bezeugte, kam der Geist herab und markierte den Start für unser erlösendes Zeugnis seiner Liebe zur Welt. Die letzten Tage, auch wenn sie Jahrhunderte umfassen und voller Ängste sind, sind eine wertvolle Zeit für das Zeugnis des Evangeliums in der Kraft des Geistes.

Eigenliebe

Jemand, der im Geist wandelt, erfährt Leben und Frieden (Röm 8,6), aber wer den Blick auf Widerstände und Schwierigkeiten heftet, ist erschöpft und sorgenvoll. Wie wir mit solchen Widrigkeiten umgehen, stärkt entweder den Geist oder erweckt das Fleisch. Im Jahr 2020 verdoppelte sich der Alkoholverkauf, der Pornokonsum explodierte regelrecht[33] und die

33 Während des ersten Monats des Corona-Lockdowns im März 2020 meldete das Internetportal Pornhub einen sprunghaften Anstieg der Nutzerzahlen in 30 Ländern. Nachdem sie ihren Premium-Dienst kostenlos angeboten hatten, stieg die Porno-Nutzung in Indien um 95 Prozent; https://www.complex.com/life/2020/03/pornhub-traffic-increases-amid-coronavirus-outbreak; https://www.firstpost.com/tech/news-analysis/pornhub-sees-95-per-cent-spike-in-indian-viewership-during-coronavirus-lockdown-report-8234401.html (abgerufen am 17. Februar 2022).

Anrufe bei Selbstmord-Hotlines stiegen um 1000 Prozent.[34] Die Bewältigungsmechanismen, die man in einfachen Zeiten problemlos unter Verschluss halten kann, fliegen uns in schweren Zeiten um die Ohren.

Während des wochenlangen Lockdowns der Pandemie lag ich abends im Bett und surfte im Internet nach Schuhen. Ich wartete sogar darauf, dass ein Paar „droppte", und schnappte mir ein Paar Air Jordan 1s, bevor sie ausverkauft waren. Obwohl ich Schuhe schon vor dem Lockdown mochte, wurden sie in schwierigen Zeiten zu meiner großen Liebe. Statt abends im Bett liegend gedanklich durch meine Erfahrungen mit einem gnädigen Gott zu scrollen, scrollte ich durch Sneakerseiten. Das war mein Versuch, mit der erdrückenden Situation fertigzuwerden. Ich floh – und es funktionierte nicht. Ich fand schnell heraus, dass ein Paar Turnschuhe die Angst nicht vertreibt, sondern nur hinauszögert.

In 2. Timotheus 3 zählt Paulus 18 fleischliche Verhaltensweisen auf, die von Arroganz bis hin zur Lieblosigkeit reichen. Wir könnten jedes Laster im Detail untersuchen, aber sie lassen sich alle unter einer Überschrift zusammenfassen: *Selbstsucht* (V. 2). Im Griechischen steht dafür das Wort *philautos,* das das Wort für Liebe mit dem Wort für sich selbst verbindet – also wörtlich Selbstliebe. Wenn wir unsere Bewältigungsmechanismen abbauen und all unsere Ängste abstreifen würden, fänden wir auf dem Grund unseres Herzens ein Becken mit trüber Selbstliebe.

---

34 Die nationale Hotline der amerikanischen Telefonseelsorge verzeichnete im April 2020 einen Anstieg von mehr als 1000 Prozent im Vergleich zum Vorjahreszeitraum; https://www.washingtonpost.com/news/powerpost/paloma/the-health-202/2020/05/04/the-health-202-texts-to-federal-government-mental-health-hotline-up-roughly-1-000-percent/5eaae16c602ff15fb0021568/?itid=ap_paigewinfield%20cunningham (abgerufen am 17. Februar 2022).

Wenn wir uns selbst lieben, fühlen wir uns zu Dingen hingezogen, die uns dienen, wie Geld und der Komfort, den man sich damit verschaffen kann. Wenn wir in die Grube der Selbstliebe fallen, unterliegen wir der Vorstellung, wir hätten eine bestimmte Behandlung oder bestimmte Dinge verdient, und diese Selbstverliebtheit macht uns taub für die Bedürfnisse anderer. Während des Lockdowns begann ich, meine Kinder als Arbeitsblockade wahrzunehmen, verärgerte Gemeindemitglieder als Belästigung und sogar meine Frau als Hindernis für meinen Wunsch, allem entfliehen zu können. In manchen Nächten lag ich im Bett und plauderte mit meiner Frau, obwohl ich mich viel lieber mit Netflix abgelenkt hätte. Als Restaurantbesitzer sich abmühten, unter den Bedingungen der Pandemie wiederzueröffnen, mussten sie folgende Erfahrungen machen: Sie wurden von ihren Kunden angeschrien, mit unverschämten Forderungen konfrontiert und mit vernichtenden Rezensionen bedacht.[35] Viele von uns drehten sich während des Lockdowns so sehr um sich selbst, dass wir Menschen als Hindernisse für unser Wohlbefinden und nicht als Objekte der Liebe oder des Respekts betrachteten.

Wenn Eigenliebe Vorrang vor der Gemeinde hat, wird der Dienst zur Qual. Wir geraten gefährlich nahe daran, eine Form der Gottesfurcht zu haben, deren Kraft aber zu verleugnen (vgl. 3,5). Wir geben uns mit einer heiligen Fassade zufrieden und lechzen nach dem Lob der Menschen. Wir verleugnen die

---

35 Madeline Wells, „SF Bay Area restaurants are still struggling. Returning customers don't see that", SF Gate, 23. Januar 2021; https://www.sfgate.com/food/amp/SF-Bay-Area-restaurants-customers-rude-Yelp-review-16333535.php?__twitter_impression=true (abgerufen am 17. Februar 2022).

Kraft der Gottseligkeit auch, wenn wir uns leidenschaftlich für Politik oder soziale Gerechtigkeit einsetzen, aber herzlos und ungerecht gegenüber denen sind, die eine andere Sichtweise haben als wir. Wir gehen der Eigenliebe auf den Leim, wenn wir harsch und nicht mitfühlend über ein in Sünde verstricktes Gemeindeglied sprechen. Wir mögen nach außen hin gottesfürchtig aussehen – wir kommen zu den Gottesdiensten, beteiligen uns im Hauskreis, bemühen uns um Gerechtigkeit, predigen das Evangelium und geben den Zehnten –, und doch ist es uns egal, dass Christus ein Herz für Sünder hat. Wenn wir uns für die Eigenliebe entscheiden, leben wir mehr im kulturellen Augenblick als im heilsgeschichtlichen Zeitalter der Gnade und Erlösung. Statt uns mit einer Fassade des Christentums zu begnügen, müssen wir tief in Christus eintauchen und andere mit uns ziehen. Und um das zu schaffen, ist es hilfreich, die Spielart der Selbstliebe zu kennen, mit der wir es zu tun haben.

Gefühle – ein Kultobjekt

Die Band *Walk the Moon* singt: „I am my own sanctuary ... hero ... teacher ... best friend ... Friday night ... my own love of my life.“[36] Dies ist das herrschende kulturelle Mantra: Du verwirklichst dich selbst. Unsere Gesellschaft betet am Altar des Selbst an; das Objekt der Verehrung sind Gefühle. Wir weisen uns selbst den Status einer Gottheit zu und erwarten von anderen, dass sie alles bestätigen, was auch immer wir fühlen. Der Ethiker Alasdair McIntyre nennt unsere gefühlsbasierte Ethik Emotivismus, in

36 Anm. d. Übers.: Zu Dt. : „Ich bin mein eigenes Heiligtum ... Held ... Lehrer ... bester Freund ... Freitagnacht ... die große Liebe meines Lebens bin ich selbst; vgl. Walk the Moon, „All I Want“ in *What if Nothing*, November 2017.

dem „alle moralischen Urteile *nur* Ausdruck von Vorlieben, Einstellungen oder Gefühlen sind".[37]

Emotivismus lädt zu moralischem Unheil ein: „Ich fühle mich eher männlich als weiblich." – „Ich habe das Gefühl, dass die Weißen den Schwarzen überlegen sind." – „Ich sehne mich nach Menschen meines eigenen Geschlechts."

Wenn wir uns den Emotivismus zu eigen machen, werden Moralitäten produziert, die zu endlosen Konflikten führen. Das daraus resultierende Aufeinanderprallen von Emotionen führt zu dem, was McIntyre die *endlose Debatte* moralischer *Meinungsunterschiede* nennt. Diese Meinungsverschiedenheiten, die wir öffentlich in den sozialen Medien sehen, seien nicht in dem Sinne endlos, dass sie immer weiter und weiter geführt würden (obwohl das der Fall sei), sondern in dem Sinne, *dass man offenbar zu keinem Endergebnis kommen könne* – zu keiner *moralischen* Übereinstimmung[38], von der aus man bestimmen könne, was richtig oder falsch ist. Infolgedessen könnten Konflikte über das,

---

37 Alasdair MacIntyre, *Der Verlust der Tugend: Zur moralischen Krise der Gegenwart*; Übers. Wolfgang Riehl (Campus Verlag, 1987), S. 26. Für diese egozentrische Ethik werden verschiedene Begriffe verwendet: das abgepufferte Selbst, Emotivismus, expressiver Individualismus, Hyperindividualismus. In der Philosophie erklärt Charles Taylor den Emotivismus durch das Konzept des abgepufferten Selbst in Taylor, *Ein säkulares Zeitalter*, Übers. Joachim Schulte (Suhrkamp, 2012). Emotivismus ist der Begriff, mit dem in der Ethik eine auf Gefühlen basierende Ethik bezeichnet wird. Soziologen nennen diesen Impuls auch „expressiven Individualismus". Siehe Robert N. Bellah, *Habits of the Heart: Individualism and Commitment in American Life* (University of California Press, 1996), S. 333–334. Eine zugänglichere Beschreibung der Auswirkungen des Hyperindividualismus auf die Gesellschaft findet sich in David Brooks, *Charakter: Die Kunst, Haltung zu zeigen*, Übers. Thorsten Schmidt (Kösel, 2015) und seinem Nachfolgewerk, *The Second Mountain* (Random House, 2019).

38 Vgl. MacIntyre, S. 19.

was gerecht ist, nicht gelöst werden und eskalierten zu einem Sich-gegenseitig-Niederbrüllen. Wer am lautesten schreit, am längsten postet oder die meisten Sympathien erntet, gewinnt.

Wenn der Emotivismus in die Gemeinden Einzug hält, spaltet er die Kinder Gottes oft aufgrund von persönlichen Vorlieben in diverse Splittergruppen auf. Diese Gruppen können so gefühlsbetont werden, dass sie unsere einende Autorität – Gottes Wort und sein Evangelium der Gnade – verdrängen. Das „Evangelium persönlicher Vorlieben" nimmt ihren Platz ein und ermächtigt Gruppen oder Einzelpersonen, Leiter zu kritisieren, weil sie nicht mit ihren Vorlieben übereinstimmen. Nach meiner Erfahrung und der Erfahrung vieler Pastoren, mit denen ich mich austausche, drängen emotivistische Christen der Gemeinde eine bestimmte Richtung auf und verlangen von ihr, dass sie ihren Lieblingsströmungen folgt. Aber wenn wir jeder Forderung nachkämen, würde der Sonntagmorgen zu einer PR-Sitzung für Herzensangelegenheiten herabsinken.

Dieser ethische Pragmatismus stimmt mit der Kritik des Philosophen Charles Taylor überein, der schreibt: „Es geht nicht um die *Bestimmung des Wesens des guten Lebens*, sondern um die des *Inhalts der Pflicht*. Diese Philosophie hat keinen begrifflichen Platz übrig für eine Vorstellung, wonach das Gute als Gegenstand unserer Liebe oder Bindung gilt" (Hervorhebung des Autors).[39] Der Inhalt der Verpflichtung, der von einem Individuum oder einer Gruppe bestimmt wird, wird wichtiger als die Natur des Guten. Die Menschen konzentrieren sich so sehr darauf, *Gutes zu tun*, dass sie aus dem Blick verlieren, *was das Gute ist*.

---

39 Charles Taylor, *Quellen des Selbst: Die Entstehung der neuzeitlichen Identität*, Übers. Joachim Schulte (Suhrkamp, 1994), S. 15.

Infolgedessen stellen sie wütende Forderungen: *Warum hast du nicht über die Schießerei geredet? Du musst den Gemeindegliedern sagen, dass sie zu der Demo gehen sollen! Ich komme nicht in den Gottesdienst, wenn nicht jeder eine Maske trägt! Das Tragen von Masken ist Anbetung der Regierung! Du musst dafür sorgen, dass unsere Gemeinde an einem Intensivkurs über Rassismus teilnimmt! Wenn dir das Thema Adoption am Herzen läge, würdest du dieses Seminar anbieten!* Die Seligpreisungen (Mt 5,2-11) werden optional, und die neueste politische Prioritätenliste wird zum Muss. Christen beharren auf sehr untugendhafte Weise auf ihrer neuen Vision des Guten. Ohne eine gemeinsame objektive Grundlage, anhand derer das Gute bestimmt werden kann, ist ein Grabenkampf mit anderen Christen in der Gemeindelandschaft oder sogar vor Ort vorprogrammiert. Innerhalb der Gemeinde werden Gefühle zum Kultobjekt und führen uns weg von Christus.

Die Gemeinde ist jedoch aufgerufen, sich um den auferstandenen Christus zu versammeln, nicht um einzelne Anliegen. Das bedeutet nicht, dass wir es vermeiden sollten, Ungerechtigkeiten wie Rassismus, geistlichen Machtmissbrauch, Unterdrückung der Geschlechter, Fremdenfeindlichkeit und Homophobie anzusprechen. Wir müssen vielmehr unsere persönlichen Steckenpferde der Person Christi unterordnen. Statt von einer bestimmten Sache beherrscht zu werden und Gemeindeleiter zu Geiseln einer vermeintlich besten Praxis zu machen, sollten Christen untersuchen, was die Heilige Schrift zu diesen Themen sagt. Außerdem sollten wir die biblischen Anweisungen berücksichtigen, wie wir mit unseren Leitern umgehen sollen, und eine Vielfalt von Ansätzen in der Mission zulassen, während wir gemeinsam eine auf Christus ausgerichtete Ethik verfolgen.

Christen sind in einer einzigartigen Position, um sich für die wahre Natur des Guten aus der Heiligen Schrift einzusetzen und sie in unserem Reden, Denken und Handeln zum Ausdruck zu bringen.

Wie führt man emotivistische Christen?

Wenn Christen andere Quellen als Autorität über die Heilige Schrift und die örtliche Gemeindeleitung stellen, werden sie allmählich von ihrer christlichen Gemeinschaft weggetrieben. Neu gewonnene Einsichten können elektrisierend wirken und, wenn man sie nicht durch das Sieb der Heiligen Schrift laufen lässt, zu einem elitären Verhalten führen. Dieses Elitedenken verdrängt den demütigen Charakter Jesu und gibt Einzelnen ein Gefühl von selbstgerechter Einzigartigkeit. Infolgedessen beginnen sie, mehr Zeit mit Gleichgesinnten zu verbringen, sei es online oder persönlich. Exkarnationsorientierte[40] Netzwerke beginnen, inkarnationsorientierte Verpflichtungen zu verdrängen. Eine ideologische Affinität kann das Gefühl von Gemeinschaft erzeugen, ohne dass diese wirklich Substanz hat. Allmählich werden Verpflichtungen gegenüber der christlichen Gemeinschaft optional, da das gemeinsame Gefühl der Einzigartigkeit die Menschen dazu bringt, sich aus Gemeinschaften zurückzuziehen, die ihre neu gefundenen Überzeugungen infrage stellen. Kleine Gruppen oder sogar ganze Gemeinden

---

40 Anm. d. Übers.: Wörtlich: „Die Dekarnation (lateinisch ‚Entfleischung') oder Exkarnation (‚Ausfleischung') bezeichnet in der Archäologie und der Ethnologie (Völkerkunde) alle Vorgänge, durch die ein menschlicher Leichnam oder ein Tierkadaver von allen Weichteilen befreit wird" (Quelle: Wikipedia, abgerufen am 12. April 2024). Hier im übertragenen Sinn als Gegensatz zur Inkarnation, also der Menschwerdung Jesu.

müssen sich zum Standpunkt des Einzelnen bekehren, oder man verlässt sie.

Emotivistische Christen behandeln ihre Mitmenschen mit einer „Mach mit oder stirb"-Mentalität; Brüder und Schwestern in Christus sind dann nur noch potenzielle Bekehrte oder Kollateralschäden. Das ist absichtlich negativ formuliert, aber oft geschieht der Wandel langsam und unbewusst. Die Menschen sind sich oft nicht darüber im Klaren, dass sie durch starkes linkes oder rechtes Gedankengut radikalisiert worden sind. Und bevor sie es merken, haben sie Freunde vergrault, Gemeinschaften verlassen und über Leiter gelästert, um einen neuen Weg zu rechtfertigen, der ihre alternativen Quellen der Autorität bevorzugt. Die Leiter müssen die Scherben aufsammeln.

Wie sollten Pastoren auf Emotivismus in ihren Gemeinden reagieren? Ist die Heilige Schrift zu veraltet, um uns bei der Bewältigung dieses modernen Dilemmas zu helfen? Doch obwohl sich Begriffe und Theorien oft ändern, bleiben die Sünden und Strategien Satans dieselben.

Emotivismus öffentlich entlarven

Emotivismus zu ignorieren ist nicht die richtige Reaktion. Es ist wichtig, dass christliche Leiter diesen weitverbreiteten Götzendienst des Ichs vor der Gemeinde beim Namen nennen. Im 1. Jahrhundert wurde Timotheus dazu aufgerufen, sich mit Menschen auseinanderzusetzen, die sich in Häuser einschlichen, durch Sünde vorbelastete Frauen verführten und zu Begierden verleiteten (3,6). Im 21. Jahrhundert schleichen sich solche Personen durch jeden Bildschirm in jedes Haus und ködern unsere Herzen. Feinde erscheinen unter dem Deckmantel von Zahlen und Fakten und appellieren durch leidenschaftliche

Zeugnisse und Online-„Unterhaltungen" an das empfindliche Gewissen.

Wir sollten über die Gefahren des Emotivismus predigen, lehren und in der Seelsorge sprechen, und zwar auf der Grundlage der inspirierten Autorität der Heiligen Schrift. Wenn man die Kultur kritisiert, wird man am Ende von einer anderen kulturellen Quelle widerlegt. Wir müssen die Autorität der Heiligen Schrift betonen und anderen helfen zu erkennen, dass sich ihre Debatte womöglich nicht gegen ihre Leiter oder Gemeinden richtet, sondern gegen Gott selbst. Wir müssen die in der Bergpredigt dargelegte Vision Jesu vom Guten hervorheben und die Gemeinde anflehen, seine Vision eines zwischenmenschlichen Miteinanders widerzuspiegeln.[41]

Eine biblische Sicht von Gefühlen präsentieren

Auch das muss sorgfältig geschehen. Wenn wir die Gefahren der Eigenliebe aufzeigen, müssen wir auch betonen, was denen verheißen ist, die Gott lieben. Gefühle sind ein Geschenk Gottes. Jesus weinte, und Jesus freute sich. Er liebte seinen Vater, und er klagte ihm sein Leid. Jesus verkörperte unser ganzes Menschsein mit all unseren Gefühlen. Man sollte der Überbetonung von Emotionen also nicht entgegenwirken, indem man sie aus der Nachfolge verbannt. Es gibt eben einen Platz sowohl für Klage als auch für Jubel.

Was uns jedoch von Jesus unterscheidet, ist die Tatsache, dass unsere Gefühlswelt durch den Sündenfall befleckt wurde. Unsere

41 Ich vergleiche die Seligpreisungen Christi mit den funktionalen, säkularen „Seligpreisungen" unserer Zeit, um einen neuen Weg zur Güte Gottes aufzuzeigen. Vgl. *Our Good Crisis: Overcoming Moral Chaos with the Beatitudes of Jesus* (IVP [US], 2020).

Emotionen können uns in die Irre führen. Pastoren haben die Ehre, Menschen auf den Gott hinzuweisen, der uns nicht in die Irre führt und dessen Offenbarung klar lehrt, was gut und wahr ist. Die Heilige Schrift eint uns, indem sie uns einen gemeinsamen Maßstab für das Gute gibt und uns aufruft, gut zu sein, wenn wir Gutes tun.

Ein Hirte für die Schwachen und Verunsicherten

Die kulturelle Trägheit des Emotivismus ist so stark und die Lehre der Eigenliebe so dominant, dass christliche Verantwortungsträger viel dafür tun müssen, um Christen zu befähigen, in diesen schwierigen Zeiten gut zu denken und zu leben. Predigen allein reicht nicht aus. Der britische Dokumentarfilmer Adam Curtis entlarvt die Torheit des Hyperindividualismus und weist auf eine andere Art und Weise hin, wie Leiter reagieren müssen:

> *Im Zeitalter der Individualität ist es wunderbar, frei zu sein und sich nicht von der alten Oberschicht – den Adligen – vorschreiben zu lassen, was man zu tun und zu lassen hat, aber die Kehrseite ist, dass man auf sich allein gestellt ist. Das ist schön, wenn die Dinge gut laufen, aber wenn sie schlecht laufen, ist man schwach und unsicher. Wir wollten in dieser fantastischen Welt leben, in der wir im Mittelpunkt stehen und unser Leben selbst in die Hand nehmen können, aber das bringt eine gewisse Ungewissheit mit sich.*[42]

---

42 Siehe Interview von Simon Mayo und Mark Kermode mit Adam Curtis über dessen Dokumentationsfernsehserie *Can't Get You Out of My Head: An Emotional History of the Modern World;* https://www.youtube.com/watch?v=5eRrZifFkHA (abgerufen am 17. Februar 2022).

Wenn der Individualismus unter seinem eigenen Gewicht zusammenbricht, wird das Selbst von einer gewissen Schwäche und Unsicherheit erfüllt. Wir wandern auf der Sinnsuche schließlich von Quelle zu Quelle und tauschen eine Identität nach der anderen aus. Das Ergebnis ist, dass der Einzelne verzweifelt, verwirrt und einsam wird. Hier, in den Trümmern des fehlgeleiteten Vertrauens, müssen wir mit der Zuverlässigkeit der Gnade Gottes und der Gewissheit seiner Wahrheit reagieren. Hier sind einige praktische Möglichkeiten, wie wir als Hirten dem zerbrochenen Selbst beistehen können.

Zuhören, mitfühlen und neu fokussieren

Um denjenigen zu helfen, die durch Emotivismus verletzt und gedemütigt wurden, schlage ich drei Dinge vor, auf die ich hier nur kurz eingehen kann: 1) Höre zu und lerne so ihre Situation kennen. 2) Zeige dein Mitgefühl für ihre Situation. 3) Richte den Fokus neu auf Jesus.

Zuhören: Wenn Menschen sich haben verwirren lassen und nun verzweifelt sind, brauchen sie ein offenes Ohr. Versuche, ein gutes Verhältnis zu diesen Menschen aufzubauen, jedenfalls innerhalb eines vernünftigen Rahmens. Gehe dem Einzelnen nach und stelle Fragen wie: Was hat dich in diese Richtung gelenkt? Welche Einflüsse waren für dich besonders prägend? Warum ist dieses Thema so wichtig für dich? Vielleicht spürst du, dass sich hier eine Gelegenheit zur Seelsorge bietet oder dass dein Gegenüber einer Ersatzautorität auf den Leim gegangen ist.

Mitgefühl: Wir müssen bereit sein zuzuhören, ohne sofort zu urteilen. Menschen, die ihren Glauben dekonstruiert haben,

haben das vermutlich aufgrund von echten Zweifeln getan. Menschen, die aus der Gemeinde ausgetreten sind, tun das oft mit aufrichtigen Sorgen. Wir können dem Schmerz, der Verwirrung, Verzweiflung und Einsamkeit mit Mitgefühl begegnen, auch wenn diese selbst verschuldet sind. Es ist wichtig, mit einem betenden und mitfühlenden Herzen zuzuhören. Bitte Gott, dir durch seinen Geist sein Mitgefühl und seine Freundlichkeit zu schenken; darauf ist er spezialisiert.

Neu fokussieren: Während du zuhörst, bitte Gott um Unterscheidungsvermögen. Er hat die Fähigkeit, Dinge zu durchschauen und zu offenbaren, was wahr und was unwahr ist. Der Heilige Geist hilft uns auch, das Gehörte durch das Sieb der Heiligen Schrift zu filtern. Merke dir die Punkte, die wiederholt werden oder unwahr sind. Frage dann die Person, ob du auf diesen Standpunkt oder dieses Thema zurückkommen darfst. Es ist wichtig, wahre Aussagen zu bekräftigen, bevor man das Unwahre infrage stellt. So baut man eine Brücke, statt sie abzureißen. Zum Beispiel könnte man sagen: „Ja, das Gender-Thema ist etwas, das Jesus auch sehr wichtig ist. Er ehrte Frauen in einer Zeit, in der sie gesellschaftlich bloße Randfiguren darstellten." – „Ich merke, dass du verletzt worden bist; das tut mir sehr leid. Leider ist die Gemeinde kein perfekter Ort."

Wenn du eine Unwahrheit bloßlegen möchtest, solltest du dies in Form einer Frage tun. Zum Beispiel: „Könnte es sein, dass dir die Politik wichtiger geworden ist als die Gemeinschaft mit Christus?" – „Als du gesagt hast, dass dieses Thema der Gemeindeleitung egal ist, hattest du also schon vorher mit jedem Leiter das Gespräch gesucht?"

Versuche dann, sie zu einem Aspekt des Charakters oder des Werkes Christi zu führen, der in Zusammenhang steht mit den Lügen, die sie glauben, zum Beispiel: „Ich weiß, dass du das Gefühl hast, alle hätten dich im Stich gelassen, aber hast du bedacht, dass Christus, nicht die Gemeinde, dein wichtigster Beistand ist?“ – „Ich möchte dich daran erinnern, dass Jesus ein Erlöser ist, der dir deine Sünden gerne vergibt.“ – „Es klingt, als sei dieses Thema zum offiziellen Chef deines Lebens geworden. Bekenne das und bitte Jesus, diese Herrschaft über dein Herz durch seine weise und gnädige Herrschaft zu ersetzen.“ Bitte Gott, dass er Buße und Glauben an Jesus bewirkt, und vertraue ihm, dass er die Angelegenheit zum Ziel führt.

Lass dir die Situation schildern, zeige Verständnis dafür und richte den Fokus neu auf Jesus. Das kann in einem einzigen Gespräch geschehen oder im Laufe mehrerer Gespräche. Natürlich sollten wir nie aufhören, diese Art von Gesprächen zu führen.

Der Gott Liebende

Die ultimative Lösung für das Problem der Eigenliebe lautet *philotheos* – was wörtlich „der Gott Liebende“ bedeutet (vgl. 2Tim 3,4). Wer Gott liebt, lenkt seine Gefühle von sich selbst weg und zurück zum Herrn. Das beginnt mit einem Bekenntnis und reift zur Buße, wenn wir unserem gnädigen Erlöser begegnen. Auch wenn wir ihn enttäuschen, gibt er uns keine Ein-Sterne-Bewertung. Stattdessen vergibt er uns und ruft uns auf, unserer Fünf-Sterne-Position entsprechend geistlich zu wachsen. Er sieht uns nicht als Hindernis für seine Absichten, sondern als Objekt seiner tiefen und herrlichen Gnade.

Gott zu lieben ist besser, als uns selbst zu lieben, denn wenn wir etwas lieben, das tiefer und höher ist als wir selbst, erfüllt es uns nicht nur, sondern macht uns auch frei, anderen zu dienen. In Jesus entdecken wir eine Liebe, die uns so tief und gewaltig zurückliebt, dass sie die Art und Weise verändert, wie wir die Menschen wahrnehmen. Der „Gott Liebende" lebt in dieser göttlichen Liebe und kann infolgedessen in Gnade dienen, ganz entgegen unserer Kultur.

Jahrelang führte ich in meiner Ehe Buch. Ich notierte stillschweigend, welche Aufgaben ich erledigt hatte und welche meine Frau nicht. Ich war mir zutiefst bewusst, wie sehr ich mich ihr emotional öffnete und wie wenig sie sich mir. Ich hielt mich für einen geistlichen Anführer, der in seiner Stillen Zeit deutlich gewissenhafter war. Ich wollte ihr gefallen, aber ich wollte auch, dass sie meinen Maßstäben entsprach. Mit der Zeit steigerte sich die Zahl meiner Punkte, und dann brach ich in selbstgerechte Wut aus und schrie: „Ich will nur, dass du das Konto gerecht ausgleichst!"

Das ist nicht die Art, wie Jesus liebt. Er bietet seine Liebe nicht für eine 50-prozentige Rendite seiner Investition an. Er gibt alles – 100 Prozent seiner Liebe und seines Lebens – und sagt dann zu den Ehemännern: „Ihr Männer, liebt eure Frauen!, wie auch der Christus die Gemeinde geliebt und sich selbst für sie hingegeben hat" (Eph 5,25). Wie hat Christus die Gemeinde geliebt? *Indem er sich völlig hingab, nicht nur einen Teil von sich.* Jesus hat nicht wütend darauf bestanden, dass wir ihm auf halbem Weg entgegenkommen. Er ist für Menschen, die ihm nichts zu bieten haben, die komplette Strecke gegangen, um uns nach Hause zu bringen.

Ich lernte auch mehr über Gottes Liebe zu mir, indem ich Robies Liebe annahm und verinnerlichte. Ihre Liebe ist zu einem Tor zur göttlichen Liebe geworden, das mir erlaubt, mich zu entspannen und mein wahres Selbst in Christus zu sein – weniger ein Buchhalter und mehr ein Gott Liebender. Das ist es, was die Liebe Gottes bewirken soll: Sie befreit uns davon, mit ihm und anderen abzurechnen, und ermöglicht es uns, zu entspannen und ihn und andere besser zu lieben. Die göttliche Liebe ist ein Kennzeichen des heilsgeschichtlichen Zeitalters der Gnade und Erlösung – die Liebe Gottes, die durch den Heiligen Geist in unsere Herzen ausgegossen wird (Römer 5,5). Es ist kein Wunder, dass Jesus sagte, diese nach außen strömende, übernatürliche Liebe würde die Menschen dazu bringen, uns als *seine* Jünger zu erkennen. Die Liebe Gottes, die durch Jesu Anhänger fließt, ist in einer von Angst geprägten Zeit wie ein strahlendes Neonschild.

Die Aufgabe eines Hirten in den letzten Tagen

In welcher Zeit befinden wir uns? In den letzten und schwierigen Tagen, die von Angst und Selbstliebe geprägt sind. Viele lassen sich lieber in den Ohren kitzeln und wenden sich deshalb von der Wahrheit ab (2Tim 4,3-4). Aber wir leben auch im Zeitalter des Geistes, der darauf brennt, durch Leiter zu wirken, das Evangelium zu verbreiten und die Kinder Gottes zu einer immer tieferen Erkenntnis des Christus zu führen. Er ist darauf bedacht, sich selbst liebende Menschen zu verwandeln und aus ihnen Gott Liebende zu machen.

Mein Großvater George Dodson diente über 60 Jahre lang als Pastor einer Baptisten-Gemeinde. Im Jahr 2020 hatten Robie und ich das Privileg, ihn im Hospiz zu besuchen, wo er mit einem Krebsleiden im Sterben lag. Selbst vom Sterbebett aus diente er vielen anderen, versöhnte Menschen, tröstete Leidende und gab Schwachen Trost. Als er dort lag, mit eingefallenem Gesicht und körperlich geschwächt, fragte ihn meine Frau: „Hast du noch einen Rat für unseren geistlichen Dienst, bevor du gehst?“ Er antwortete: „Es wird immer Wahrheitssuchende und Wahrheitsverkünder geben, und wenn die Wahrheitsverkünder auf die Wahrheitssuchenden treffen, geschieht ein Wunder. Verkündet weiterhin die Wahrheit.“

Verkündet weiterhin die Wahrheit.

Wenn wir das tun, geschieht das Wunder des Evangeliums: Menschen werden aus dem Reich der Finsternis in das Reich des geliebten Sohnes versetzt und von einer Stufe der Herrlichkeit in die nächste verwandelt. Wir müssen nicht den Hammer der kulturellen Exegese schwingen, denn Jesus wurde schon ans Kreuz genagelt. Wir müssen den Menschen nicht die Selbstliebe ausreden, denn der Geist hilft uns, Gott zu lieben. Wenn wir die Wahrheit sagen, bricht Gott den Bann der Täuschung, und der Segen des Evangeliums wird ausgegossen.

Standhaft leiten

Ein unerschütterlicher Hirte

- weiß die theologischen und kulturellen Zeichen der Zeit zu deuten.
- setzt sich mit persönlichen Ängsten auseinander, indem er durch die Wahrheiten der Gnade Gottes scrollt.
- entlarvt die Torheit der Eigenliebe und demonstriert gleichzeitig, wie segensreich es ist, Gott zu lieben.
- präsentiert eine biblische Sicht der Gefühle.
- reagiert auf unterschiedliche persönliche Situationen, indem er zuhört, mitfühlt und anderen hilft, den Fokus neu auf Jesus auszurichten.
- verkündet weiterhin die Wahrheit, damit das Wunder des Evangeliums geschehen kann.

Predige das Wort

„Predige das Wort“ (2Tim 4,2). Drei Worte, die alles Mögliche auslösen: von ehrgeizigem Tatendrang bis zu ernsthaften Selbstzweifeln. In jeder Woche schwanken die meisten von uns von einem Extrem zum anderen. Wir arbeiten angestrengt im und mit dem Wort, sind begeistert von exegetischen Einsichten und Wortstudien, aber wenn es darum geht, unsere Nieten und Schrauben zu einer vollwertigen und funktionierenden Predigt zusammenzufügen, schleichen sich Selbstzweifel ein. „Bin ich dem Text treu geblieben?“ – „Erreicht meine Anwendung die Herzen der Leute?“ – „Habe ich kulturelle Einwände berücksichtigt?“ Wie können wir also in chaotischen Zeiten treu das Wort predigen?

Höre auf das Wort

Die Antwort auf diese Fragen liegt nicht so sehr darin, das Wort zu predigen, sondern darin, das Wort zu uns predigen zu lassen. Wenn wir uns bei der Predigtvorbereitung von der hämmernden Wirkung des Wortes formen lassen, geben wir unsere Schwäche und Unzulänglichkeit offen zu und lernen sie sogar zu schätzen. Aber wenn wir den Hammer in die Hand nehmen und uns weigern, ihn wieder abzulegen, verweigern wir uns der Einflussnahme des Wortes Gottes. Der Wechsel vom Hämmern zum Gehämmert-Werden, vom Text-Austeilen zu Sich-unter-den-Text-Beugen geschieht unter Gebet.

Im Gebet reagieren wir auf das Wort Gottes und erkennen es als sein Reden an. Wir erkennen ihn als heiligen Sprecher an. Seine Worte fordern uns zu verzweifelten Bitten auf („Hilf mir, Herr!"), zu aufrichtiger Reue („Ich war diese Woche herrschsüchtig und egozentrisch, vergib mir"), zu überschwänglicher Freude („Ehre sei Gott!") oder zu seliger Schwäche. Wenn ich in eine homiletische Sackgasse gerate, stoße ich mich oft vom Schreibtisch ab und mache einen Spaziergang: „Herr, was übersehe ich? Was willst du mir durch deinen Heiligen Geist sagen? Was brauchen unsere Leute? Sprich zu mir, Herr." Unsere Gemeinden brauchen nicht nur eine gut vorbereitete Predigt, sondern einen abgewetzten Prediger – einen Prediger, der zerbrochen wurde, sodass die goldenen Worte Gottes eindringen und ihn verändern können.

Dieses Gegenüber von eigener Unzulänglichkeit und Gottes unendlicher Vollkommenheit ist ein Phänomen des pastoralen Dienstes. Wir sind zu etwas berufen, das wir nicht erreichen können. Wir verkünden die Notwendigkeit der Veränderung und sind doch machtlos, jemanden zu verändern. Aber das ist ein gutes Problem. Hätten wir die Macht, andere zu verändern, würden wir unweigerlich diejenigen vernachlässigen, die uns kränken oder verletzen. Auch würden wir die Menschen ungleichmäßig verändern und Bereiche übersehen, die nur ein allwissender Gott sehen kann. Wir würden zweifellos Dinge ändern, die nicht geändert werden müssten, wie Persönlichkeiten, die uns auf die Nerven gehen. Wir würden Veränderungen sofort erwirken, statt sie allmählich herbeizuführen, was dazu führen würde, dass Christen auf die mühsame, aber lohnende Heiligung verzichten, die sich über ein ganzes Leben erstreckt. Wir würden nicht das Wort predigen, sondern unsere Einsichten, unsere

Geschichten, unser Wissen, sogar unser Mitgefühl – aber nicht Christus.

Aber das Wort zu predigen heißt, Christus zu predigen: nicht nur Worte über Christus, sondern die Person Jesu selbst. Wir verkünden einen Christus, der nicht als körperlose Idee gekommen ist, sondern als das fleischgewordene Wort. Der Missionshistoriker Andrew Walls lenkt unsere Aufmerksamkeit auf die Besonderheit der Inkarnation:

„Er kam als Mensch an einen bestimmten Ort und in eine bestimmte ethnische Gruppe, an einem bestimmten Ort und zu einer bestimmten Zeit ... er wurde zu einem historisch und kulturell geprägten Menschen."[43] Ebenso vermitteln wir in unseren Predigten das ewige, unveränderliche Wort in einer zeitlichen, sich verändernden kulturellen Form und Ausdrucksweise.

Das Wort predigen

Der berühmte Imperativ des Paulus in 2. Timotheus 4,2 wird im Kontext eines Autoritätskonflikts ausgesprochen, nicht im sicheren Hafen des Klassenzimmers einer Bibelschule. Dieser Befehl befindet sich zwischen einer göttlichen Ermahnung (V. 1) und einer Warnung vor der Priorisierung von Fabeln und Legenden (V. 3-4). Einige der Geschwister in der Gemeinde von Timotheus lassen sich gerne in den Ohren kitzeln, halten also nach interessanten und pikanten Neuigkeiten Ausschau. Diese Veranlagung verleitet sie dazu, anderen Lehrern den Vorzug vor den örtlichen Ältesten zu geben und statt der Schrift lieber Fabeln zu folgen.

---

43 Andrew Walls, *The Missionary Movement in Christian History* (Orbis Books, 1996), S. 235.

Im Informationszeitalter ist diese Haltung allgegenwärtig. Einwände gegen unsere Predigten gründen sich oft auf Podcasts oder YouTube-Videos, die von den Gemeindemitgliedern konsumiert werden. Während es für deine Gemeindeglieder durchaus eine Bereicherung sein kann, anderen Predigern zuzuhören, verführen in den Ohren kitzelnde Informationen die Menschen zu elitärem Wissen, das nichts mit dem Wort Gottes zu tun hat. „Predigt das Wort" ist eine dringende Aufforderung in subversiven Zeiten.

Paulus erteilt den Auftrag, das Wort aus dem Himmelreich zu verkünden, also aus der Gegenwart Gottes und Christi Jesu (vgl. V. 1), die gemeinsam die Vollmacht besitzen, die Welt zu richten. Die Verkündigung des Wortes wird von demjenigen autorisiert, der auch die Autorität über die Lebenden und die Toten hat. Deshalb sollten wir mit dem Wissen predigen, dass wir dem Himmel Rechenschaft schuldig sind, und uns unserer großen Verantwortung zutiefst bewusst sein.

Die Predigt darf aber auch nicht so himmelwärts gerichtet sein, dass sie keinen irdischen Nutzen mehr hat. Das Predigen sollte nicht in einem Winkel von 90 Grad erfolgen und in die theologische Atmosphäre hinausschießen, ohne jemals auf der Erde zu landen. John Stott beschwört den Prediger, Gottes Wort in einem Winkel von 180 Grad zu verkünden.[44] Beginne selbstverständlich in der biblischen Welt, aber richte deine Predigt auf die gegenwärtige Welt aus. Sei vertraut mit den realen Kämpfen der Menschen, für die du verantwortlich bist, und ebenso mit den kulturellen Fabeln und Mythen, die deine Gemeindeglieder zu glauben versucht sind.

---

44 John Stott, *Preaching Between Two Worlds* (Eerdmanns, 2017).

Der Diener am Wort steht zwischen diesen beiden Welten. Es ist keine leichte Aufgabe, zwischen beiden hin- und herzuspringen. Für die einen ist es verlockend, in der biblischen Welt zu bleiben und gelegentlich eine Anwendung oder eine kulturelle Verzierung einzubauen. Für andere ist die kulturelle Exegese oder die Anwendung auf das Leben der Zuhörer verlockender als das mühsame Schürfen nach Gold in den Texten der Heiligen Schrift. Das alles hat seinen Platz, aber man wird nie die perfekte Mischung für die Predigt finden. Stattdessen sollten wir uns darin üben, den Geschwistern der Gemeinde *zuzuhören,* um herauszufinden, wie wir uns am besten mit kulturellen Fabeln und Legenden auseinandersetzen können.

Den Geschwistern zuzuhören heißt, sich um *deine* Gemeinde zu kümmern. Es bedeutet, sich mit den Menschen zusammenzusetzen und sie zu fragen, womit sie zu kämpfen haben, und keine imaginären Umfragelisten zu erstellen. Wir müssen ihre Ohren sehen, um zu ihren Herzen zu predigen. Ein Pastor, der seinen Schafen wirklich zuhört, achtet auf die Themen, die beim Kaffeetrinken oder in der Seelsorge immer wieder auftauchen. Er hört genau auf die Fragen, die in Kleingruppen und Jüngerschaftsbeziehungen gestellt werden. Er macht sich Notizen zu den Einwänden, die in Bibelstunden oder im biblischen Unterricht immer wieder auftauchen. Welche Muster erkennst du bei deinen Leuten? Durch welche konkreten Philosophien werden sie in die Irre geführt? Wenn du den Menschen in deiner Gemeinde zuhörst, kannst du herausfinden, welche Themen du ansprechen solltest und wie oft. Versuche also erst gar nicht, ein perfektes Gleichgewicht zwischen zwei Welten herzustellen, wenn du predigst. Höre stattdessen auf deine Gemeinde und den Geist und predige das Wort.

Die Unterwanderung durch konkurrierende Autoritäten

Die größte Herausforderung für den Dienst am Wort ist eine konkurrierende Autorität. Das ist auch die älteste Herausforderung. Wenn eine unrechtmäßige Autorität versucht, die Heilige Schrift umzustoßen, untergräbt und ersetzt sie in der Regel die Autorität Gottes. Im Garten Eden untergrub Satan die Autorität Gottes, indem er sich heimlich als bessere Autorität aufspielte: „Hat Gott wirklich gesagt: Von allen Bäumen des Gartens dürft ihr nicht essen?" (1Mo 3,1). Obwohl es erlaubt ist, Fragen an die Schrift zu stellen – wir können nichts lernen, wenn wir nicht nachfragen –, stellte Satan Gott infrage, indem er andeutete, Gott wolle Adam und Eva etwas vorenthalten (nämlich *alle* Bäume). Obwohl Eva das bestreitet, wird der Köder geschluckt und die Saat des Zweifels gesät. Sie fügt dem Gebot Gottes etwas hinzu: „Ihr sollt nicht davon essen und sollt sie nicht berühren, damit ihr nicht sterbt!" Gott hatte zwar nicht gesagt, dass man die Früchte nicht berühren dürfe, aber er hatte angekündigt, dass auf Ungehorsam der Tod folgen würde.

Als Nächstes ersetzt Satan die Autorität Gottes durch seine eigene Autorität: „Da sagte die Schlange zur Frau: Keineswegs werdet ihr sterben! Sondern Gott weiß, dass an dem Tag, da ihr davon esst, eure Augen aufgetan werden und ihr sein werdet wie Gott, erkennend Gutes und Böses" (V. 4-5). Sein Betrug baumelt wie ein Wurm direkt vor ihnen, und seine Beute denkt über das nach, was sie nicht haben: *Wir wissen nicht, was gut und böse ist.* Sie beißen an, und als der subversive Haken gesetzt ist, zieht Satan an der Leine, um Gottes Worte infrage zu stellen. Das Verrückte daran ist, dass er all dies als Wohltat ausgibt: *Wollt ihr nicht wie Gott sein?* Der Teufel fordert Gottes Autorität heraus, indem er den Menschen eine Belohnung verspricht, aber eigentlich den Tod bringt. In ähnlicher Weise erscheinen zeitgenössische konkurrierende Autoritäten als heilsam und gerecht, obwohl sie versuchen, Gottes Wort zu untergraben und zu ersetzen.

Diese uralte Täuschung ist eine gute Erinnerung daran, dass Predigen ein geistlicher Kampf gegen einen finsteren Gegner ist. Wir erörtern nicht nur theologische Ideen oder geben lebensverbessernde Ratschläge. Wir reißen Seelen aus dem Feuer. Deshalb müssen wir nicht nur das Wort predigen, sondern auch das Wort beten. Ich sage jungen Predigern oft: „Wenn deine Predigt fertig vorbereitet ist, musst du das Wort in die Menschen hineinbeten." Schließlich ist Gott derjenige, der Menschen verwandelt, und es ist besser, ihm diese Aufgabe zu überlassen.

Vor welcher Art von missbräuchlicher Autorität musst du dich in Acht nehmen? Es gibt mindestens drei Arten von zersetzenden Autoritäten: philosophische, kulturelle und persönliche.

Philosophische Autorität

Thomas von Aquin sagte in einem mittlerweile berühmten Zitat einmal, dass die Philosophie die Magd der Theologie sei. Der mittelalterliche Theologe nutzte die aristotelische Philosophie, um viele theologische Themen zu klären und zu ordnen, um mehr Licht auf Gott selbst zu werfen. In ähnlicher Weise verwendet Dr. John Frame den Perspektivismus, um das Wesen Gottes und dessen Offenbarung zu klären.[45] Die Philosophie wird jedoch nicht nur als Magd der Theologie, sondern auch als

---

45 Siehe John Frame, *The Doctrine of the Knowledge of God* (P&R, 1987), sowie seine weiteren Bände in seiner Reihe zur systematischen Theologie.

deren Herrin eingesetzt. Der Apostel Paulus drückt seine Besorgnis darüber aus, als er sagt: „Seht zu, dass niemand euch einfängt durch die Philosophie und leeren Betrug nach der Überlieferung der Menschen, nach den Elementen der Welt und nicht Christus gemäß!" (Kol 2,8).[46] Im Griechischen besteht der Imperativ „Seht zu" aus einem einzelnen Wort mit der Bedeutung „genau auf etwas achten". *Sieh zu, Herr Pastor!* Sonst macht es vielleicht keiner.

Die Liebe zur Weisheit kann unser Herz entführen und uns von Christus wegtragen. Die Anhäufung von Wissen kann dazu führen, dass wir uns als Experten fühlen, und wenn wir nicht aufpassen, wird das Gefühl der Fachkompetenz unseren Stolz nähren. Das gilt sowohl für den Prediger als auch für das Gemeindeglied: „Diese theologische Aussage ist so was von daneben!" – „Unser Pastor ist einfach von gestern." Expertenwissen kann zu einem Sitzplatz werden, von dem aus wir andere beurteilen und andere uns.

Das neu gewonnene Wissen kann sogar dazu führen, dass Menschen sich „von der Wahrheit abkehren und sich zu den Fabeln hinwenden" (2Tim 4,4). Wenn ich durch meine Stadt fahre, sehe ich oft Orte, die mich an Menschen erinnern, die sich vom Glauben entfernt haben: den Frauenhelden, die Lesbe, den Skeptiker, den Materialisten, den Egomanen. Diese herzzerreißenden Erinnerungen bewegen mich dazu, für ihre Rückkehr zu beten, wie im Gleichnis vom verlorenen Sohn. Aber sie

46 Es gibt eine Debatte über die Ansprüche und den Ursprung der Philosophie in Kolossä. Es handelt sich wahrscheinlich um einen Sammelbegriff, der sich auf Einflüsse bezieht, die von einer selbstbewussten jüdischen Apologetik bis hin zu einem Synkretismus mit hellenistischer Philosophie reichen, die zu einer Form des Gnostizismus führen.

erinnern mich auch daran, dafür zu sorgen, dass die aktuellen Gemeindeglieder nicht auf einen ähnlichen Weg geraten.

Philosophische Erkenntnisse mögen zwar Wahrheiten aufzeigen und die Heilige Schrift interpretieren, aber sie sind keine göttliche Offenbarung. Sie führen uns nicht zu Christus. Wenn wir zulassen, dass irgendeine Philosophie mit dem Wort Gottes konkurriert und es ersetzt, fallen wir auf die alte List der Schlange herein. Wir müssen der Schrift den Vorzug vor allen anderen Worten geben, denn sie allein ist „von Gott eingegeben" (2Tim 3,16).

Kulturelle Anliegen

Jede Woche scheint eine neue Autorität aufzutauchen! Wie sollten wir uns mit konkurrierenden Ideologien auseinandersetzen? Auf dem Marsberg in Athen wandte Paulus gegenüber der griechischen Philosophie einen Ansatz an, der auf Bestätigung, Korrektur und Gegenüberstellung abzielte (Apg 17,22-34). Er bestätigte die wahren Einsichten griechischer Philosophen und Dichter wie Epimenides und Aratus (V. 28) und stellte Gemeinsamkeiten mit diesen anderen Philosophien her, bevor er ihre Mankos aufdeckte (V. 29-30). Er korrigierte ihre Denkweise, indem er ihnen zeigte, dass Gott oder das Evangelium besser ist als die präsentierte Weltanschauung. Zum Beispiel setzte er ihrer Leidenschaft für Götter in Tempeln den Schöpfergott Jahwe gegenüber, der nicht in Tempeln wohnt, sondern der alles und jeden geschaffen hat (V. 24-25). Er stellte auch Aspekte von Kultur und Philosophie der biblischen Offenbarung gegenüber. Nachdem er den Glauben der griechischen Philosophen bestätigt und korrigiert hat, stellt er sie ihrem Götzendienst und ihrer „Weisheit" gegenüber, indem er ihnen versichert, dass der wahre Gott die Welt in Gerechtigkeit richten wird, und sie dann zur Umkehr aufruft (V. 30-31). Vor diesem Hintergrund wollen wir zwei aktuelle konkurrierende Autoritäten untersuchen – eine politisch rechte und eine liberal-linke.

Zwei moderne „Philosophien", die sowohl positive als auch negative Züge aufweisen, aber auch als konkurrierende Autorität zur Schrift fungieren, sind die *QAnon-Verschwörungstheorie* und die *Critical Race Theory*. *QAnon* wurde aus verschiedenen Gründen schnell populär. Einer davon war die Behauptung, man habe Zugang zu US-Sicherheitsinformationen, die als *Q-Clearance* bekannt sind. Dieses geheime Wissen lockte Menschen in eine elitäre Online-Gruppe, die sich besonderer Macht rühmte, um rechtsgerichtete politische Ziele zu erreichen. Die *Critical Race Theory (CRT)* ist aus der Kritischen Theorie hervorgegangen, einer soziologischen Theorie, die ihren Ursprung in der Frankfurter Schule der 1930er-Jahre hat. Sie zielte, insbesondere durch den Einsatz von Macht, darauf ab, die Gesellschaft zu kritisieren und zu verändern, und zwar auf der Grundlage einer Vorstellung davon, wie die Gesellschaft sein sollte.

Während die Vorzüge jeder Theorie hitzig diskutiert werden, haben sie etwas gemeinsam – eine Faszination der Macht. *QAnon* zielt darauf ab, Ziele mit politischer Macht zu erreichen, *CRT* mithilfe der Macht der Rassen. Beide Anhänger-Gruppen wollen einer ihrer Meinung nach unterrepräsentierten Gruppe Macht verleihen. Unabhängig davon, ob wir mit einer Person oder Gruppe übereinstimmen oder nicht, sollten wir ihren Wunsch nach Anerkennung ihrer Interessen anerkennen und ihr die Würde zugestehen, das zu vertreten, was sie für wahr hält. Wenn diese machtzentrierten Theorien jedoch versuchen, soziale Probleme mit dem Einsatz von sozialer, rassistischer und politischer Gewalt zu lösen, heiligt der Zweck oft nicht die Mittel. Der von *QAnon* beeinflusste Aufstand vor dem US-Kapitol und eine auf sozialer Gerechtigkeit basierende Überarbeitung des öffentlichen Bildungswesens sind Beispiele für Ausgrenzung und Machtmissbrauch.[47]

Während die *Critical Race Theory* die Aufmerksamkeit also zu Recht auf die Machtungleichgewichte in sozialen Beziehungen lenkt, verlangt sie, wie *QAnon*, eine Haltung des Alles-oder-Nichts. *QAnon*-Mitglieder verkünden, man sei „mit uns" oder „gegen uns", während *CRT*-Befürworter die Menschen in eine von zwei Kategorien einordnen: rassistisch oder antirassistisch. Es gibt keine Toleranz für Zwischentöne oder alternative Kategorien. Beide Theorien bestehen darauf, dass wir alles durch ihre Brille sehen müssen; andernfalls denken und leben wir falsch. Da totalisierende Theorien totale Hingabe verlangen, errichten sie eine Autorität, die mit dem Wort Gottes konkurriert und der wir etwas entgegenstellen müssen.

Auch die Schrift ruft uns zu völliger Hingabe auf: „*Alle* Schrift ist von Gott eingegeben und nützlich zur Lehre, zur Überführung, zur Zurechtweisung, zur Unterweisung in der Gerechtigkeit, damit der Mensch Gottes *richtig* ist, für *jedes* gute Werk ausgerüstet" (2Tim 3,16-17; Hervorhebung des Autors). Dieser Totalitätsanspruch wird jedoch nicht als Theorie, sondern als göttliche Offenbarung geltend gemacht. Darüber hinaus behauptet die im Zentrum stehende Person Jesus Christus, dass

---

47 Genau das schlägt Robin DiAngelo, Autorin des bekannten Buches *White Fragility*, in ihrem gemeinsam mit Özlem Sensoy verfassten Buch vor; siehe: *Is Everyone Really Equal?: An Introduction to Key Concepts in Social Justice Education*, Multicultural Education Series (Teachers College Press, 2017), Kindle Edition.

er *der Weg*, *die Wahrheit* und *das Leben* ist (Joh 14,6), und er ruft die Christen auf, *ihm* zu folgen. Daher verbietet Jesus seinen Anhängern, sich einer anderen Philosophie oder Theorie, die seine Autorität infrage stellt, vollständig hinzugeben. Auch wenn andere Theorien positive Beiträge zu unserem Weltbild leisten können, müssen diese Erkenntnisse durch die Schrift geprüft und der Herrschaft Christi unterstellt werden. Wenn wir diese Autoritäten herausfordern, stoßen wir auf Widerstand.

Eine kleine Gruppe von Menschen in unserer Gemeinde fing an, sich von rechtsgerichteten Organisationen die Ohren kitzeln zu lassen. Als wir sie aufforderten, sich während der COVID-Pandemie an die Maskenregelung unseres Vermieters zu halten, verglich eine Person diese Aufforderung mit dem Tragen von Amuletten zur Abwehr von bösen Geistern und verließ die Gemeinde. Eine andere Familie, die seit zehn Jahren zu uns gehörte, mit deren Vater ich eine Jüngerschaftsbeziehung gepflegt hatte und deren Babys ich bei der Kindersegnung in den Armen gehalten hatte, verschwand einfach. Ich musste mich mit heftiger Kritik auseinandersetzen. Wenn wir Mächte konfrontieren, schlagen sie zurück – eine Erinnerung daran, dass Jesus, als er uns in die Nachfolge berief, uns aufforderte zu folgen und zu sterben.

Jesus stellt machtzentrierte Theorien auf den Kopf, indem er seine Macht einsetzt, um für diejenigen zu leiden, die ihn unterdrücken (Phil 2,5-8). Er korrigiert zerbrochene Vorstellungen von Stellvertretung, indem er als stellvertretendes Sündopfer die Sünder vor dem heiligen und gerechten Gott vertritt (Hebr 10,12). Er verleiht uns eine besondere Stellung vor unserem Schöpfer, obwohl wir gar keine Stellung verdient hätten (1Jo 5,14). Jesus setzt seine Autorität ein, um anstelle der Verderbten zu sterben und die Mächte hinter den trügerischen Philosophien zu entlarven (Kol 2,15). Im Gegensatz zu machtzentrierten Theorien ist Jesus es wert, dass wir uns ihm unterwerfen. Seine Anwendung von Macht widersetzt sich den Kategorien der Linken und der Rechten, und es ist dieser Christus, den wir zu predigen haben! Wenn du also das Wort verkündest, dann tue es in dem Bewusstsein, dass das Evangelium die Kraft Gottes ist und jeden rettet, der daran glaubt (vgl. Röm 1,16).

Natürlich müssen nicht alle philosophischen Fragen, die unsere Gemeinden und Organisationen bedrohen, „an der Front" angesprochen werden. Wir sollten abwägen, was in unserem eigenen Umfeld am effektivsten ist, und die Herde durch Predigten, Kurse, Newsletter, Blogs und soziale Medien leiten. Einige Themen erfordern ein direktes Eingreifen, während andere eher behutsam und durch andere Kommunikationsformen als die Kanzel angesprochen werden müssen.

Zwar ist jeder Sonntag eine Gelegenheit, die Kraft des Wortes Gottes zu nutzen, jedoch gibt es eine Vielzahl von Möglichkeiten: seelsorgerliche Appelle, weise Ratschläge, kühne Ermahnungen, sanfte Korrekturen, strenge Zurechtweisungen, sorgfältige Belehrungen und geduldiges Erklären. Wenn wir den Geschwistern unserer Gemeinde gut zuhören, wird uns die Entscheidung leichter fallen, wie wir die Kraft Gottes verkünden können. Was auch immer geschehen sollte, mögen wir bei der Wiederkunft Jesu zu denjenigen gehören, die das Wort treu verkündigen, zu gelegener und ungelegener Zeit, überführend, zurechtweisend und ermahnend, mit aller Langmut und Lehre (vgl. 2Tim 4,2).

Kulturelle Autorität

Philosophien, die in gelehrten Häusern ausgearbeitet werden, sickern oft in unsere Kultur hinein. Wenn bestimmte Standpunkte in der kulturellen Psyche verankert sind, kann es sehr schwierig sein, sich ihnen zu widersetzen und unseren Status als kognitive Minderheit anzuerkennen. Die kulturelle und soziale Anziehungskraft, sich diese Standpunkte zu eigen zu machen, ist so stark, und die sozialen Strafen, wenn man sie ignoriert, sind so hoch, dass Christen oft unreflektiert nachgeben. Wir schlucken die blaue Pille.[48]

Paulus bringt es auf den Punkt, wenn er sagt: „Denn es wird eine Zeit sein, da sie die gesunde Lehre nicht ertragen" (V. 3). Er gebraucht das Wort „ertragen" mit einer gewissen Ironie. Diese Christen sind nicht bereit, *die harte Arbeit zu ertragen*, die nötig ist, um eine gute biblische Lehre zu verstehen. Statt ihren Verstand zu gebrauchen, wollen sie lieber, dass man ihnen in den Ohren kitzelt. Infolgedessen geben sie der vorherrschenden Meinung nach, lassen sich von populären Einflüssen leiten und ignorieren unpopuläre biblische Standpunkte. Sie prangern biblische Wahrheiten als Lügen an und bestätigen kulturelle Prägungen.

Biblische Wahrheiten werden oft bei Themen als Lügen angeprangert, die von kulturellen Autoritäten gefördert werden. Als zum Beispiel die LGBTQ+-Bewegung kulturell an Bedeutung gewann, wurde die Regenbogenflagge in die Logos und Werbemittel vieler Unternehmen integriert. Als die Agenda der

---

48 Dies bezieht sich auf eine Szene in dem Film *Die Matrix* (1999), in der der Protagonist die Wahl zwischen einer roten und einer blauen Pille hat. Schluckt er die rote Pille, erfährt er eine womöglich verstörende oder lebensverändernde Wahrheit. Schluckt er die blaue Pille, lebt er in glücklicher Ahnungslosigkeit weiter.

Homosexuellen zum Mainstream wurde, begannen auch viele Christen, die Regenbogenflagge auf ihren Social-Media-Kanälen zu hissen. Weil die Mainstream-Kultur plötzlich alles bestätigte, begannen manche Christen, ihre historisch-orthodoxen Ansichten zur biblischen Sexualität zu überdenken oder aufzugeben. Viele bildeten sich eine klare Meinung zu diesem Thema, ohne sich ernsthaft mit der Bibel befasst zu haben. Einige verurteilten sogar andere Christen, weil sie die neue Sichtweise nicht bestätigten. Viele dieser Christen wandten sich jedoch nicht gegen die Unterdrückung und Ermordung ungeborener Kinder. Wie in der freien Wirtschaft meldeten sie sich erst zu Wort, als die liberale Gesellschaft ihnen soziale Belohnungen anbot. Die Befürworter des Schutzes von ungeborenen Leben erhalten durch die sozialen Medien keine solche Belohnung. Diese Art von Christentum erlaubt es der liberalen Mainstream-Kultur, als geistliche Autorität aufzutreten und die moralische Agenda unseres Lebens zu bestimmen. Aber Pastoren müssen Stellung beziehen, die Leuchte des Wortes Gottes hochhalten und wahres moralisches und geistliches Licht in die Welt tragen.

Die Linke ist nicht die einzige kulturelle Größe, die mit antibiblischer Autorität arbeitet. Während der COVID-Pandemie schimpften viele rechtsgerichtete Medien über Christen, die Masken trugen, um sich und andere vor einer Ansteckung mit dem Coronavirus zu schützen. Staatliche Maskenverordnungen wurden als Verstoß gegen die Religionsfreiheit dargestellt. Extremisten forderten Christen auf, ihre Gemeinden zu verlassen, wenn deren Leiter von ihnen das Tragen von Masken verlangten. Sie ermutigten nicht dazu, sich wie eine Familie von Gläubigen zu verhalten oder Anliegen mit den Ältesten vor Ort zu besprechen, sondern sie rieten dazu, die eigenen Brüder und

Schwestern zu verstoßen und das eigene Recht auf Religionsfreiheit höher zu achten. Die rechtsgerichtete, kulturell beeinflusste individuelle Freiheit wurde höher geachtet als die qualifizierten Pastoren der Ortsgemeinden und somit höher als Hirten, die sich aufrichtig um ihre Herde kümmern, gründliches Bibelstudium betreiben, über Gottes Wort nachdenken und um die Einheit der Gläubigen bemüht sind. Stattdessen verherrlichten rechte Gruppen geistliche Unabhängigkeit und missachteten so die von Gott verordneten Autoritäten.

Beide Fraktionen verweigern den Umgang mit Christen, die sich dagegen wehren, das Evangelium durch rechte oder linke Ideologien zu ersetzen. Aber Jesus ruft die Christen zu einer anderen Lebensweise auf: Wir sollen unser Kreuz auf uns nehmen und ihm täglich nachfolgen, auf kulturelle Autoritäten und Lieblingsideologien verzichten, um uns unter dem Kreuz seiner Führung zu unterwerfen. Das ist nicht leicht. Viele von denen, die unsere Gemeinden verlassen haben, waren Freunde, und alle von ihnen waren geistliche Familienmitglieder. Wenn ein Paar sich scheiden lässt, tut das allen in der Familie weh. Auch wenn diese Austritte oft nicht als persönlicher Angriff gemeint sind, treffen uns der Verlust der Freundschaft, das Misstrauen gegenüber unserer Leitung und das Abdriften von der gesunden Lehre tief ins Herz. Wir Leitende müssen dem Heiligen Geist Raum geben, damit er unser Herz wieder heilt und uns in der Stille und Trauer über verlorene Familienmitglieder und Freunde beisteht.

Die Gemeinde braucht Leiter, die ehrlich biblische Wahrheiten vertreten und mutig genug sind, für eine gesunde Lehre einzustehen. Es ist kein Zufall, dass in diesen Versen der Begriff „gesund“ gebraucht wird. Damit die Gemeinde zu neuer Stärke findet, braucht sie eine beständige Dosis gesunder Lehre.

Aber gesunde Lehre allein ist nicht genug. Diese Lehre muss mit Zurechtweisung und Korrektur gepaart werden. Als Titus auf Kreta mit ähnlichen Umständen konfrontiert wurde, wo ganze Familien von konkurrierenden Autoritäten in die Irre geführt wurden, wies Paulus ihn an: „Aus diesem Grund weise sie streng zurecht, damit sie im Glauben gesund sind" (Tit 1,13). Die Zurechtweisung reinigt die Wunde, sodass sie mit einer Dosis gesunder Lehre behandelt werden kann, wodurch die Gemeinde im Glauben lebendig wird.

Persönliche Autorität

Philosophische Autorität sickert aus den Hochschulen in die allgemeine gesellschaftliche Meinung und erreicht dann auch den Einzelnen. Philosophische Ansichten sind in kulturelle Artefakte (Unternehmen, Produkte, Schlagwörter) eingebettet, die durch Handel und soziale Medien von den Massen aufgenommen werden. Wir erleben nun einen Augenblick in der Menschheitsgeschichte, in der machtzentrierte Theorien unsere Kultur beeinflusst und eine radikal polarisierte Gesellschaft geschaffen haben, die durch rechte und linke Ideologie geprägt wird.

Viele von denen, die wir führen, sind (bewusst oder unbewusst) von den Werten der entsprechenden Gruppen radikalisiert worden. Wenn Mainstream-Themen umstritten oder schwerwiegend sind, reagieren Christen oft schnell aus einem sensiblen religiösen Gewissen heraus oder um Akzeptanz von rechts oder links zu erhalten bzw. zu gewinnen. Das Aufnehmen und Verbreiten von Ansichten wird zu einer persönlichen Leidenschaft.

Paulus schreibt: „Denn es wird eine Zeit kommen, da werden sie die gesunde Lehre unerträglich finden und sich Lehrer nach ihrem Geschmack aussuchen, die ihnen nur das sagen, was sie gern hören wollen“ (2Tim 4,3; NeÜ). Heutzutage wird dieser Geschmack durch die Fülle von ideologischen Lehrern in Büchern sowie Online-Artikeln und von Social-Media-Influencern geprägt. Vielem davon begegnet der Einzelne außerhalb seiner geistlichen Gemeinschaft und isoliert von guter geistlicher Führung. Infolgedessen werden Ansichten ohne die Weisheit der Gemeinschaft, ohne sorgfältige theologische Reflexion und ohne den Einfluss von geistlichen und fürsorglichen Leitern übernommen. In der Zwischenzeit gaukelt einem die Leidenschaft für ein Thema ein Gefühl der persönlichen Autorität und der Eigenverantwortlichkeit vor. In dieser Konstellation von Einflüssen sind wir aufgerufen, das Wort zu verkünden.

Das griechische Wort für Begierden (4,3), *epithymia,* verbindet das Wort für „Begehren“ mit einer Vorsilbe, die „über“ bedeutet, und kann also wörtlich mit „übermäßiges Begehren“ übersetzt werden. In Bezug auf Christus ist ein übermäßiges Begehren genau das richtige Maß, aber wenn sich die Begierden auf etwas anderes richten, werden wir vom Objekt unserer Sehnsüchte überrollt. Im Zeitalter der Informationsflut haben wir oft das Gefühl, alle Antworten parat haben zu müssen. Um Ängste und den durch das Internet aufgestauten Druck abzubauen, sammeln wir Informationen, die unser Fachwissen mehren. Aber Bildung allein macht uns nur gebildet, nicht tugendhaft. Bildung plus Begierden führt zu wütendem, selbstgerechtem Stammtischdenken, sowohl auf der rechten als auch auf der linken Seite. Das bewirkt ein Gefühl der persönlichen Autorität, die alle anderen Autoritäten übertrumpft, was zur Spaltung innerhalb der Gemeinde führt.

Aber es gibt einen besseren Weg und eine bessere Autorität. Statt voreingenommene Schlagzeilen in den Medien,

Schnellschuss-Expertenwissen und prompte Online-Antworten zu bevorzugen, müssen wir die Unterweisung durch Christus suchen. Wir brauchen keine Lehrer, die unseren Gefühlen gerecht werden, sondern wir müssen uns nach dem einen wahren Lehrer sehnen. Nur im Herrn finden wir wirklich Frieden und Ruhe in den Bereichen, die wir leidenschaftlich vertreten. Wir sollten unsere Gemeinden ermutigen, ihre Sehnsüchte auf den fürsorglichen Vater, den rechtfertigenden Erlöser und den Geist des Friedens zu richten.

- **Fürsorglicher Vater:** Unser persönlicher, liebevoller Vater fordert uns auf, unsere Sorgen auf ihn zu werfen und nicht auf unbelebtes Fachwissen, das sich nicht um uns kümmern kann (1Petr 5,7).

- **Rechtfertigender Erlöser:** Wir sind eingeladen, dem rechtfertigenden Erlöser zu vertrauen, der uns seine makellose Gerechtigkeit anstelle der befleckten Selbstgerechtigkeit des Expertenwissens anbietet (2Kor 5,21).

- **Geist des Friedens:** Anstelle von Zorn wird uns der echte Friede des Trostbringers angeboten (Joh 14,26-27).

Der Vater, der Sohn und der Heilige Geist arbeiten gemeinsam daran, unendliche Hoffnung in einer Zeit zu verbreiten, die sich oft hoffnungslos anfühlt. Aber damit andere diese Hoffnung genießen können, müssen wir das Wort als Autorität verkünden. Wir müssen die uns anvertrauten Menschen ermahnen, dem göttlichen Ratschluss mehr zu vertrauen als den Verlockungen des sogenannten Expertenwissens. Wir müssen sie anflehen, die

Lehren Christi höher zu achten als die der vielen Lehrer, die um ihr Vertrauen buhlen. Die Verkündigung des Wortes in einer Welt konkurrierender Autoritäten ist so, also würde man in einer postapokalyptischen Welt bekannt geben, wo man Unterschlupf findet. Wir müssen die Botschaft verkünden, aber Gott allein kann die Menschen aufnehmen.

Predigen um der Belohnung willen

Ist es das alles wert? Sich gegen subversive Autoritäten stemmen zu müssen, gegen den Schmerz der persönlichen Heiligung und gegen den Ansturm unserer von Angst geprägten Zeit? Auf jeden Fall! Wenn Paulus über sein entbehrungsreiches Leben im Dienst des Evangeliums nachdenkt, erzählt er von der Belohnung, die ihn zum Weitermachen antreibt: die Krone der Gerechtigkeit. Er schreibt: „Von nun an liegt für mich die Krone der Gerechtigkeit bereit, die mir der Herr, der gerechte Richter, an jenem Tag zuerkennen wird, nicht aber mir allein, sondern auch allen, die seine Erscheinung lieb gewonnen haben" (2Tim 4,8; SLT).

Eine Krone ist der rechtmäßige Besitz eines Monarchen. Sie symbolisiert seinen Herrschaftsanspruch. Diese Krone ist aus Gerechtigkeit gemacht, geschmiedet aus der Krone des Königs der Könige; und Paulus sagt, dass sie auf unser Haupt gehört! Diese Formulierung soll uns den Moment vor Augen führen, in dem wir feierlich mit der Gerechtigkeit Christi gekrönt werden. An diesem Tag wird die Rechtfertigung aus Glauben zur vollkommen erlebten Rechtfertigung. Was wir mühsam geglaubt, gepredigt und gelebt haben, werden wir in vollem Umfang erfahren, wenn wir gekrönt – ja, von Kopf bis Fuß mit der Gerechtigkeit bekleidet – sind. Wir werden nie wieder unsere

Motive hinterfragen, an Gottes Verheißungen zweifeln oder uns anstrengen wollen, um heilig zu sein.

Diese Gerechtigkeit gilt nicht nur für uns, sondern für alle, die sein Erscheinen geliebt haben (V. 8). Diejenigen, die wir geführt haben, werden neben uns knien und die gleiche goldene Krone auf dem Haupt empfangen. Die Leiter werden Zeugen der Krönungszeremonie der ihnen anvertrauten Menschen sein. Auch sie werden wie Sterne leuchten. Es ist nicht verwunderlich, dass Paulus diejenigen, die er zu Jüngern machte, als seine „Freude und Ruhmeskranz" bezeichnet (1Thes 2,19). Leiterschaft bietet uns diese wunderbare Belohnung – Kronen, die sich vervielfältigen –, wenn wir in die Herrlichkeit Christi blicken.

Vollende das Rennen, kämpfe den guten Kampf und bewahre den Glauben. Wenn du das tust, wirst du, wenn du vor dem Herrn der Herrlichkeit stehst und seine Gerechtigkeit dein Haupt küsst, deinen Körper durchflutet und deine Seele belebt, zu dir selbst sagen: „Das war es alles wert. Der Schmerz, der Kummer, der Verlust, die Schmerzen. Alles. Jedes einzelne bisschen. *Du* bist es wert, Herr." Lasst uns den Blick auf die Krone richten.

Standhaft leiten

Der unerschütterliche Hirte

- gehorcht dem Wort und verkündigt es.
- hört den Menschen in seiner Gemeinde zu, um herauszufinden, mit welchen kulturellen Fabeln und Mythen er sich auseinandersetzen sollte.
- erkennt den Wert philosophischer Denkrichtungen an, ohne jedoch die endgültige Autorität der Heiligen Schrift zu schmälern.

- setzt sich mit der Kultur auseinander und erkennt an, korrigiert und stellt gegenüber.
- verlässt sich nicht auf die Autorität des Einzelnen, sondern auf die aufopfernde Autorität Christi und seines Wortes.
- richtet alle Sehnsüchte auf die befriedigende Gegenwart des Vaters, des Sohnes und des Geistes aus.
- harrt aus, um die Krone der Gerechtigkeit zu erlangen.

Bleib fest im Glauben

Es war der zweite Dienstag im Monat; alle Mitarbeiter hatten einen halben Tag Urlaub bekommen. Ich überlegte, ob ich zu Hause bleiben sollte, aber der Geist drängte mich zum *Lady Bird Wildflower Center,* einem Park mit weitläufigen Wanderwegen inmitten der texanischen Landschaft. Nachdem ich fast einen Kilometer gegangen war, setzte ich mich hin und schlug die Bibel auf. Die Worte wirkten wie eine vom Geist inspirierte Predigt: „Du aber sei nüchtern in allem, ertrage Leid, tu das Werk eines Evangelisten, vollbringe deinen Dienst!" (2Tim 4,5). Ich grübelte zu viel darüber nach, wie *andere* mit mir umsprangen, aber der Geist sagte: *Du aber, das ist deine Berufung: Sei nüchtern, ertrage Leid, tu das Werk eines Evangelisten und vollbringe deinen Dienst.* Wenn wir von unseren Gefühlen überwältigt werden oder entmutigt sind, ist es hilfreich, uns auf die Schlichtheit unserer Berufung zu besinnen.

Nüchtern sein

Ein nüchterner Mensch besitzt eine mentale und geistige Klarheit, die aus der ehrlichen Gemeinschaft mit Gott entsteht. Da Gott das Wesen ist, das seit Ewigkeit am klarsten denken kann, sieht er die Welt, unser Leben und unseren Dienst mit hundertprozentiger Klarheit. Seine Gedanken über uns und unseren Dienst sind immer wahr. Seine Überlegungen werden nie durch unreine Motive getrübt. Er trifft nie eine falsche Entscheidung, um den Menschen zu gefallen. Er trifft immer die richtigen Entscheidungen, weil er das höchste Gut anstrebt – seine ewige Herrlichkeit. Dadurch ist er in der Lage, einen klaren und gerechten Weg für seine Kinder einzuschlagen. Pastoren, die *diesem* Gott nahestehen, sind nüchtern.

Eine überforderte Studentin wandte sich an den Professor für *Spiritual Theology* und langjährigen Pastor Eugene Peterson und bat ihn um Rat. Sie fühlte sich weit von Gott entfernt, las also immer mehr in der Bibel, fühlte sich aber immer weiter von ihm entfernt. Eugene riet ihr, weniger Bibel zu lesen, und gab ihr Dostojewski. Wenn wir uns quälen, brauchen wir weniger Masse und mehr Tiefgang. Wir brauchen Autoren, die unsere Kämpfe auf eine Art und Weise formulieren, die uns hilft, uns verstanden zu fühlen. Deshalb gibt es die Klagelieder und die Psalmen, und deshalb lautet einer der Namen Jesu „Mann der Schmerzen" – diese Bibeltexte sollen uns nicht einfach informieren, sondern zeigen, dass wir mit unseren Sorgen ernst genommen werden.

Ende 2021 ging ich auf unser Gemeindehaus zu und spürte, wie etwas in mir zerriss, so wie ein zu straff gespanntes Gummiband. Zack! Im gleichen Augenblick fühlte ich mich emotional von der Gemeinde abgekoppelt. Ich hatte keine Reserven mehr. Als ich in meinem Kummer stolperte, half mir Gott durch die Klagelieder: „Verfallen ließ er mein Fleisch und meine Haut, zerbrach meine Knochen, umbaute und umgab mich mit Gift und Mühsal" (Kla 3,4-5). Ein souveränes Zerbrechen. Ein tiefes Offenlegen meiner völligen Schwäche. Ein schweres Erbarmen, das mich zutiefst in die Gegenwart Gottes treiben würde.

Der Kummer wich dem Warten: „Gut ist der HERR zu denen, die auf ihn harren ... Es ist gut, dass man schweigend hofft auf die Rettung des HERRN" (3,25-26). Die beiden Dinge, die hier wiederholt werden, sind das Harren auf den Herrn und die Hoffnung darauf, dass dies „gut" ist. Wir leben in einer Gesellschaft, die glaubt, dass schneller besser ist. Wir schätzen den effizienten Pastor, nicht den nachdenklichen Pastor. Aber Gott tut denen *Gutes,* die auf ihn *warten.* Im Warten gewinnen wir an Tiefe.

Es ist einfacher, in der Ruhe zu warten: auf geräuschlosen Straßen, in einem stillen Arbeitszimmer, auf abgelegenen Wanderwegen. In der Ruhe rettet uns Gott. Er rettet uns aus dem Kummer, aus der Sünde, aus der Geschäftigkeit, aus dem Pastorendasein, um uns wie einen Sohn oder eine Tochter zu lieben. Obwohl der Begriff „Stille Zeit" in Verruf geraten ist, wird er vielleicht mehr denn je gebraucht. Ruhige Pastoren sind nüchtern denkende Pastoren.

Vom Warten kann uns alles Mögliche abhalten. Vielleicht sind wir so sehr in unser eigenes *Leid* vertieft, dass wir nicht mehr klar über andere Menschen und Umstände nachdenken. Wenn wir uns häufiger bei unserem Ehepartner oder unseren Freunden beschweren, kann das ein Zeichen dafür sein, dass unser Gedankenleben aus den Fugen geraten ist. Es ist durchaus angebracht, mit Vertrauenspersonen über seine Enttäuschung zu sprechen, aber wenn man sich ständig beschwert, kann es passieren, dass man über nichts anderes mehr nachdenken kann.

Auch Bewältigungsmechanismen trüben die geistliche Wachsamkeit. Eugene Peterson griff immer häufiger zur Flasche, was zum Problem wurde. In seinen Tagebüchern gesteht er, dass der abendliche Whiskey seine Morgengebete behinderte. Dies führte zu längeren Abstinenzphasen.[49] Wenn ich versucht bin,

---

49 Winn Collier, *A Burning in My Bones: An Authorized Biography of Eugene H. Peterson* (Crown Publishing, 2021), S. 185, 283.

ohne Christi Hilfe mit dem Leben klarzukommen, greife ich zu Filmen. Sie sind eine Flucht vor der Last der Verantwortung und dem Seelenschmerz des Dienstes, aber wenn der Abspann läuft, ist kein Schauspieler mehr da, der mich trösten könnte. Nur der Regisseur aller Dinge bringt wahren Trost. Wenn wir uns an etwas anderem berauschen als an dem dreieinigen Gott, werden unsere Sinne abgestumpft, und unser Urteilsvermögen wird beeinträchtigt.

Wie fördern wir Nüchternheit inmitten von Leid? Wenn ein Radfahrer hinter einem anderen herfährt, positioniert er sich nur wenige Zentimeter hinter dem Vordermann. Dadurch bleibt er in dessen Windschatten, verringert den Gegenwind und erhöht die Geschwindigkeit um bis zu acht Kilometer pro Stunde. Wenn ein Radfahrer jedoch aus dem Windschatten fällt, muss er zwei- oder dreimal so viel Energie aufwenden, um wieder in Position zu kommen. Der Fahrer muss „den Turbo einlegen“ und sich ziemlich abstrampeln, um aufzuholen, was sehr viel Energie verbraucht.

Wenn wir in der Nähe Gottes bleiben, zehren wir von seiner Wahrheit und Gnade. Seine Gegenwart trägt uns durch die Pflichten des Alltags und durch schwierige Zeiten. Wenn wir aber die Gemeinschaft mit Gott vernachlässigen, beginnen wir, uns auf unsere eigenen Anstrengungen zu verlassen. Alles wird schwieriger, jeder Schicksalsschlag wiegt schwerer. Wir sind schneller erschöpft und fühlen uns schneller überfordert. Unsere Strategie, unser Intellekt, unsere Persönlichkeit und unsere Gaben verkümmern.

Zum Glück müssen wir uns nicht abstrampeln, um wieder in Gottes erneuernde Gegenwart zu gelangen. Wir bekennen einfach unsere Not, empfangen seinen Trost und vertrauen auf seine Verheißungen. Wir empfangen seine Gnade. Wenn wir in der Nähe Gottes bleiben, wird unser Verstand klarer und unser Herz heiterer, und wir werden andere befreiter und besser führen können. Bleib nahe bei Gott, und er wird dir helfen, nüchtern zu bleiben.

Entrümpeln

Selbst wenn unsere Denkprozesse gesund sind, wird unser Verstand leicht durch andere wichtige Dinge überlastet: das Leid anderer, die Gesundheit der Gemeinde, Wünsche und Pläne, Familie, persönliche Heiligkeit und Probleme. Wenn wir es uns nicht zur Gewohnheit machen, diese Dinge im Gebet vor den Herrn zu bringen, werden unser Herz und unser Verstand so überfüllt sein, dass wir nicht mehr klar denken können. Leiter, die überleben, entwickeln ein systematisches Vorgehen, um das ganze Gerümpel vor Gott zu bringen.

Ich finde es hilfreich, jeden Morgen für meine jeweiligen Rollen zu beten: Vater, Ehemann, Pastor, Autor und Prediger. Ich beginne mit dem Vaterunser: „Vater unser im Himmel, geheiligt werde dein Name. Hilf mir, als gütiger Vater, als liebevoller Ehemann, als weiser Pastor, als kreativer, geschickter, wahrheitsliebender Autor und als gesegneter Prediger dich zu heiligen." Manchmal konzentriere ich mich auch auf eine bestimmte Rolle: „Herr, ich habe meine Kinder angeschnauzt. Bitte vergib mir. Schenke mir ein Herz der Barmherzigkeit für sie und hilf mir, nicht bei jedem Fehler sauer zu werden."

Doch nachdem ich mehrere Jahre auf diese Art gebetet hatte, begannen sich meine Bitten wie eine Last anzufühlen. Ich hatte das Gefühl, dass ich mich in erster Linie darauf konzentrierte, wo ich versagt hatte. Dann wurde mir klar, dass ich jeden Tag mit meinen Rollen begann und nicht mit meiner Identität. Jesus lehrte uns, „unser Vater“ zu beten, nicht: *unser Arbeitgeber.* Er hat uns nicht nur eingestellt, um verschiedene Aufgaben auszuführen; er hat uns erlöst, damit wir als seine eigenen Kinder leben. Als ich merkte, dass mein Gebet aus dem Gleichgewicht geraten war, begann ich, wie ein Sohn zu beten. Das hat meine Gebete und mein Herz verändert. Jetzt beginne ich mit den Worten: „Herr, ich danke dir, dass ich dein Sohn sein darf und den Tag mit deiner Gunst und Liebe beginnen kann. Hilf mir, dort zu bleiben und aus dieser gesegneten Gnade heraus zu leben.“

Wenn wir als Kind eines fürsorglichen Vaters beten, verändert sich die Art und Weise, wie wir mit Gott über Dinge sprechen, die uns am Herzen liegen. Besonders hilft mir das, wenn ich für Menschen in Bedrängnis zu Gott bete: „Herr, dem pornosüchtigen Ehemann, dem skeptischen Studenten, dem kritischen Gemeindeglied genüge ich nicht. Aber du genügst vollkommen. Ich übergebe sie dir. Du liebst sie so viel mehr als ich. Nur du kannst sie ändern und heilen, Herr, also tu es bitte.“

Dieses Gebet hat die Eigenschaft, die Last des Hirtendienstes und der Verantwortung für Arbeit für den Herrn von unseren Schultern auf die Schultern Gottes zu verlagern. Das wichtigste Gerümpel nimmt damit seinen rechtmäßigen Platz in der Gegenwart unseres unermesslichen Gottes ein. Langsam werden wir uns dessen bewusst, wer wir in Christus sind, und das macht uns frei, mit Hoffnung und Erleichterung zu beten. Aber wenn wir weit von Gott entfernt sind, verdrängen ihn unsere Verpflichtungen, und wir werden schnell überwältigt.

Leid ertragen

An manchen Tagen pulsieren diese Wahrheiten des Evangeliums wie Superzellen durch meinen Blutkreislauf und geben mir

Energie für meinen Dienst. An anderen Tagen bewege ich mich in Zeitlupe. In einer Lebensphase, in der die Wahrheiten des Evangeliums nicht durch meinen Organismus strömten und ich jede Woche von Pfeilen getroffen wurde, dachte ich: „Warum weitermachen? Ich könnte mir einen Job suchen, bei dem ich weniger Schmerzen habe. Ich habe andere Gaben. Warum bewerbe ich mich nicht einfach irgendwo?" Das sind normale Gedanken im Moment des Leidens, und wie wir mit ihnen umgehen, ist sehr wichtig.

Ertrage Leid (2Tim 4,5; siehe auch SLT: „erdulde die Widrigkeiten") ist ein Teil unseres Arbeitsauftrages, über den wir nicht so glücklich sind. Es ist einer, den wir gerne vergessen. Als ich sah, wie einem gedankenverlorenen Vater mittleren Alters die Tränen über das Gesicht liefen, war ich sehr bewegt davon, welche Auswirkungen der Tod hat. Der Dienst malt uns die Wirklichkeit einer leidgeprüften Welt vor Augen. Wenn wir uns um die Hinterbliebenen kümmern, bezahlen wir einen Teil des Preises, den das Böse fordert. Eine ähnliche Erfahrung machen wir, wenn wir Kranke begleiten, Skeptiker belehren und strauchelnde Sünder zurechtweisen. Wenn wir Menschen an die erste Stelle setzen, erfahren wir ihren Schmerz oft aus zweiter Hand. Der Schmerz ist zwar nicht so stark, als wäre man selbst betroffen, aber er ist real, und diese Erfahrung macht man bei unserer Berufung recht häufig.

Aber es gibt einen noch tieferen Schmerz, den wir oft in uns tragen – einen Schmerz, der durch die Wunden entsteht, die andere uns zufügen. Sehr oft sind sich die Menschen nicht bewusst, wie sehr uns ihre Kritik schmerzt oder wie sehr es uns wehtut, wenn sie uns fallen lassen. Manchmal ist der Angriff auch offen und boshaft. Beschimpfungen und harsche Worte können tief eindringen. In unserem Inneren können die Worte jahrelang vor sich hindümpeln und immer wieder gegen die Wände unseres Herzens stoßen. Das macht Führung besonders schmerzhaft – ein regelmäßiges Erleben von Schmerz aus erster und zweiter Hand.

Wir werden mit dem Bösen aus erster und zweiter Hand konfrontiert. Nicht nur, weil wir in einer gefallenen Welt leben, sondern auch, weil wir es mit einem mächtigen Gegenspieler zu tun haben. Unsere Berufung beschert uns ebenso einen Feind. Satan und diejenigen, die unter seiner Macht stehen, kommen, um zu stehlen, zu töten und zu zerstören. Das ist *seine* Stellenbeschreibung. Sein Kommen ist nicht wahrscheinlich, sondern gewiss, sein Angriff zielt auf uns persönlich ab.[50] Das Ziel des Teufels ist es, die Christen wegzulocken, den Willen geistlicher Anführer zu brechen und alles zu zerstören, was heilig und gut ist. Dieses Übel müssen wir ertragen. Jesus ist aus genau entgegengesetzten Gründen gekommen: „Ich bin gekommen, damit sie Leben haben und es in Überfluss haben" (Joh 10,10). So wie Satan der Antichrist ist, so ist Christus der „Antisatan". Jesus kam nicht als Dieb auf die Erde, um zu stehlen; er kam, um zu retten und wiederherzustellen. Statt zu töten, gab er sein Leben hin, damit wir leben können. Jesus zerstört nicht, sondern schenkt uns das Auferstehungsleben.

Den Unterschied zwischen Satan und Christus kann man auf anschauliche Weise aus der Sicht eines Hirten beschreiben. Eine Weide voller Schafe lockt Diebe und Wölfe an, die auf der Jagd nach frischem Fleisch sind. Aber es gibt immer einen Ausweg. Christus sagt: „Ich bin die Tür der Schafe" (V. 7). Christus

---

50 Dieses Verb steht im Präsens Indikativ Medium und beschreibt eine konkrete Handlung oder ein Geschehen, das sich auf den Handelnden unmittelbar auswirkt und an dem er selbst beteiligt ist.

ist unser Ausweg, wenn wir auf der Flucht vor der Grausamkeit Satans sind. Als Hirten fordern wir die Schafe auf, zur Tür zu laufen, indem wir Christus predigen und die Herde zur Tür treiben. Wir überreden, führen, rufen, winken und weisen den Seelen den einzigen Fluchtweg weg von den Machenschaften Satans. Wir wissen, dass es keinen anderen Ausweg gibt.

Aber wir sind nicht nur Hirten, sondern auch Schafe unter Wölfen (Mt 10,16). Satan verdoppelt seine Bemühungen, diejenigen zu verwirren und zu entmutigen, die ihr Leben der Rettung von Schafen widmen. Er bedient sich seines Arsenals an Bedrängnissen, um uns davon abzuhalten, Menschen auf Christus hinzuweisen. Wir verrichten also eine gefährliche Arbeit, aber Christus ist auch unser rettender Ausweg. Er ist unsere Fluchttür, unser Ausgang auf die grüne Weide. Jesus ist der große Hirte, der bedrängte Hirten behütet.

Als ich mein erstes Sabbatjahr antrat, stellte ich Gott eine ganz klare Frage: „Willst du, dass ich weiterhin als Pastor tätig bin?" Ich war für jede Antwort offen, hätte aber ein „Nein" bevorzugt. Die Antwort Gottes kam während einer Schriftlesung. Der erste Text war Johannes 21,15-17: *Wenn du mich liebst, dann weide meine Schafe.* Als Reaktion auf diese Verse wusste ich, dass sie die Antwort des Herrn waren, und stimmte widerwillig zu. Der nächste Vers war Hesekiel 34,15: „Ich selbst will meine Schafe weiden, und ich selbst will sie lagern, spricht der Herr, HERR." Jahwe erklärt zweimal in der ersten Person, dass er der Hirte seines Volkes sein wird: „Ich selbst." Der gesamte Abschnitt zeugt davon, dass Gott absolut entschlossen ist, seiner Verantwortung als Hirte nachzukommen. Obwohl Gott meine Berufung zum Hirten seiner Herde erneuert hatte, versprach er im nächsten Atemzug, selbst das Hirtenamt zu übernehmen. Allzu oft tue ich als Pastor so, als läge es an mir, Verlorene zu retten, Verwundete zu versorgen und Menschen dazu zu bringen, in Gottes Gegenwart zur Ruhe zu kommen. Aber Gott verspricht, dass er seine Schafe retten, versorgen und zur Ruhe kommen lassen wird. Jahwe macht die Arbeit. Das war für mich eine große Erleichterung. Gott bat mich, etwas zu tun, was er selbst tun würde. Und das gilt auch für dich, wenn du eine Leitungsfunktion hast. Er wird deine Herde hüten. Es liegt in Gottes Verantwortung, viel beschäftigte Menschen dazu zu bringen, innezuhalten und seine Gegenwart zu genießen, nicht in unserer. Nur er kann einen Sünder dazu bewegen, Buße zu tun oder zu wachsen. Er lädt uns ein, vor allem Schafe zu sein und dann erst Hirten und uns auf den saftigen Weiden seiner nährenden Gegenwart zur Ruhe zu betten. *So* können wir ausharren.

Dienst ist Kampf

Marty McGinn, ein altgedienter Gemeindegründer, sprach in einem meiner Kurse an der Bibelschule über Evangelisation. Er hatte einen umgedrehten Stapel weißer Papiere vor sich liegen, während er vor der Klasse stand und begann, eine Geschichte nach der anderen zu erzählen. Nach jeder Geschichte griff er nach unten, nahm ein Blatt, drehte es herum und zeigte es uns. Auf der ersten Seite stand: „Gemeindegründung ist Kampf." Nach der zweiten Geschichte hielt er ein weiteres Blatt hoch, auf dem stand: „Gemeindegründung ist Kampf." Er erzählte eine dritte Geschichte und hielt ein weiteres Blatt hoch, auf dem stand: „Gemeindegründung ist Kampf." Er wiederholte dies noch mehrere Male. *Dienst* ist Kampf.

Im Kampfgeschehen quälen sich Soldaten unter härtesten Bedingungen, werden in den Staub geworfen und verwundet.

Warum halten sie das aus? Um den Sieg über den Feind zu erringen. Auch wir kämpfen, nicht um zu überleben, sondern um den Sieg zu erringen. Jesus hat über Sünde, Tod und Satan gesiegt – für Menschen, Gemeinschaften, Gemeinden, die Welt. Gib nicht auf! Sein Anliegen ist das Wichtigste auf Erden. Nur Mut – Jesus kommt zurück, um seine Herrschaft anzutreten.

Bis dahin besteht deine Aufgabe darin, seine Schafe zur Tür des Lebens zu treiben. Führe seine Schafe vorbei an Schmutz und Asche auf grüne, saftige Weiden. Und denke daran: Christus ist die Quelle kristallklaren Wassers, nicht deine perfekt ausgearbeitete Predigt. Jesus ist die nahrhafte Weide für sie, nicht deine Warmherzigkeit und Seelsorge.[51] Der Sohn Gottes ist ihr Retter, nicht unsere cleveren Strategien. Jesus allein schenkt ihnen Leben in Fülle. Schaue also auf Christus. Hoffe auf Christus. Predige Christus. Ruhe in Christus. Jesus Christus ist der einzige Anführer, der sein Volk niemals im Stich lassen wird. Finde dich damit ab. Freue dich darüber. Seine Macht und seine Gnade sind unvergleichlich. Ertrage es mit Christus. Es ist die Sache wert.

Das Werk eines Evangelisten

Paulus trägt Timotheus auch auf, die Arbeit eines Evangelisten zu tun (2Tim 4,5), aber Timotheus passt nicht in das moderne

---

51 Natürlich können wir ein Werkzeug sein, durch das Gott seinen Schafen Erfrischung bringt, aber das geschieht am effektivsten, wenn wir Gott als erfrischendes, lebendiges Wasser (Joh 7,37-39; Offb 22,1-2) und als unseren nährenden Hirten (Ps 23,1-3; Hes 34,13-16) annehmen. Ein geistlich gut genährter Hirte hat seiner Herde viel zu geben.

Profil eines Seelengewinners.[52] Er ist nicht aalglatt oder auf Geld aus. Er ist nicht wortgewandt oder wagemutig. Es versammeln sich keine Menschenmassen, um seine Predigten zu hören. Er ist ein sich abmühender Hirte, der eine Herde zu hüten hat, und doch ermahnt Paulus ihn, das Werk eines Evangelisten zu tun.

Vielen Pastoren fällt es schwer zu evangelisieren. Sie lehren und predigen lieber oder kümmern sich in der Seelsorge oder einer Jüngerschaftsbeziehung um andere. Doch der Neutestamentler Robert Yarbrough beschreibt einen Evangelisten als einen „Verkündiger der guten Nachricht des Evangeliums".[53] Das ist eine Arbeit, die wir alle tun können – von der Güte des Evangeliums schwärmen. Und das müssen wir unbedingt tun, denn der Glaube kommt durch das Hören des Wortes Christi (Röm 10,17). Noch nie hat jemand einem anderen Menschen bei der Ausübung von guten Werken zugesehen und ist dann zu dem Schluss gekommen: „Jetzt ist mir klar geworden, dass ich ja ein Sünder bin, der das Gericht vor einem heiligen Gott verdient und dringend Erlösung braucht, die man nur durch den Glauben an den Tod und die Auferstehung

---

52 Gewiss, manche Menschen haben die Gabe der Evangelisation (Eph 4,11). Sie haben eine besondere Veranlagung und den Mut, Nichtchristen das Evangelium zu verkünden. Aber allzu oft verhalten sich Evangelisten so, als sei ihr Dienst wie ein Planet, der die Gemeinde umkreist und Menschen zu sich oder ihrer Botschaft zieht, aber nicht unbedingt zur Gemeinde. Ein begabter Evangelist sollte seinen Dienst jedoch eher als eine Art Satellit betrachten, der von der Gemeinde gestartet wird und in den Raum ungläubiger Menschen hinausfliegt, um dann zurückzukehren und Menschen mit sich in die Gemeinde zu ziehen. Das Evangelium selbst rettet uns nicht nur für das Haupt, sondern auch in Jesu Leib hinein. Alle Leiter sind dazu berufen, das Evangelium zu verkünden.

53 Robert Yarbrough, *The Letters to Timothy and Titus* (Eerdmanns, 2018), S. 441.

Jesu Christi erhält." Um zu dieser Schlussfolgerung zu gelangen, bedarf es einer Botschaft aus Worten.[54]

Angesichts der erheblichen internen Ansprüche an den Dienst des Timotheus wollte Paulus wahrscheinlich dessen Aufmerksamkeit auf die evangelistischen Bedürfnisse außerhalb seiner Gemeinde lenken. Wenn Leiter mit schweren Konflikten, Bedürfnissen in ihrer Umgebung oder einer erhöhten Nachfrage nach Seelsorge konfrontiert sind, müssen sie viel Energie für den Dienst am Evangelium innerhalb der Gemeinde aufwenden.

Aber wenn wir in solchen Zeiten nicht wachsam sind, vernachlässigen wir vielleicht den Dienst am Evangelium außerhalb der Gemeinde. Manche Leiter stehen nämlich in der Gefahr, auf der anderen Seite vom Pferd zu fallen – sie vernachlässigen die Seelsorge um der Mission willen. Sie evangelisieren Menschen und gründen Gemeinden, versäumen es aber, sie zu Jüngern zu machen und diese Schafe zu hüten. Diesbezüglich könnte man von Papst Franziskus lernen: Er verbindet sowohl missionarische als auch pastorale Anliegen, indem er die Kirche als Feldlazarett versteht.[55] Zwar ist die Kirche immer auf dem Schlachtfeld im

---

54 Es gibt unzählige Möglichkeiten, das Evangelium weiterzugeben. Die Bibel verwendet dafür viele Metaphern. Jesus sprach zum Beispiel in Metaphern aus dem Bereich der Landwirtschaft, um die Aufmerksamkeit der Dorfbewohner zu gewinnen, er gebrauchte juristische Formulierungen für Gesetzesexperten und das Bild von Wasser für die Durstigen. Paulus verwendete theologische Begriffe, die die tiefen Bedürfnisse eines jeden Menschen ansprachen. Gute Evangelisten werden das ewige, unveränderliche Evangelium in sich verändernden kulturellen Erscheinungsformen vermitteln. Mehr dazu finden Sie in meinem Buch *The Unbelievable Gospel: Say Something Worth Believing* (Zondervan, 2014), S. 123–189.

55 William T. Cavanaugh, *Field Hospital: The Church's Engagement with a Wounded World* (Grand Rapids, MI: Eerdmans, 2016).

Einsatz, sie schlägt aber auch Lazarettzelte auf, um Verletzte und Kranke zu versorgen. Seelsorge ist Teil der Mission: Seelen verarzten und sie wieder hinausschicken.

Wenn Paulus also zu Timotheus sagt, er solle das Werk eines Evangelisten tun, dann sagt er ihm, er solle am Evangelium arbeiten. Er erwartet nicht, dass Timotheus seine Gemeinde verlässt, um auf Wanderschaft zu gehen und zu predigen. Vielmehr erwartet er von ihm, dass er sich um das Evangelium kümmert. Dazu gehört, dass er das Evangelium in die Welt hinaus *und* in die Gemeinde hineinträgt. Manche Menschen brauchen die gute Nachricht zur Errettung, andere zur Heiligung, aber alle brauchen das Evangelium.

Vollbringe deinen Dienst

Schließlich erinnert uns Paulus daran, unseren Dienst zu vollbringen (2Tim 4,5). Das Wort „vollbringen" bedeutet „etwas vollenden". Als ich darüber nachdachte, meiner Gemeinde den Rücken zu kehren, erlebte ich gerade einen anhaltenden persönlichen Angriff mit sehr wenig Unterstützung. Das Ganze fühlte sich unerträglich an, also rief ich um 2:00 Uhr nachts meinen Mentor an. Es fiel ihm hörbar schwer, richtig wach zu werden, und er murmelte: „Jonathan?" Ich antwortete: „Hi, Doug, tut mir leid, dass ich dich so spät anrufe, aber ich brauche deine Hilfe." Er bat mich, ihm zu erzählen, was los war. Nachdem er zugehört, gute Fragen gestellt und Mitgefühl gezeigt hatte, sagte er: „Jonathan, du kannst deinen Dienst beenden, aber darfst niemals einfach aufgeben." Aber genau das wollte ich! Ich wusste, dass Gott mich nicht abberufen hatte, aber der Schmerz drängte mich aus der Tür.

Woher wissen wir, ob wir etwas vollendet haben oder aufgeben? Wir können damit beginnen, uns folgenden Rat zu Herzen zu nehmen: „Höre niemals an einem schlechten Tag auf" (oder in einer schlechten Woche oder einem schlechten Monat!). Wir treffen selten kluge Entscheidungen, wenn es uns schlecht geht. Jemand, der sein Werk vollbracht hat, denkt auch über praktische Fragen nach: Wenn ich gehe, wer wird mich ersetzen? Beruft Gott mich zu einer Aufgabe, oder drücke ich mich nur vor der Verantwortung? Was denken meine Mitstreiter und Mentoren? Haben sie den Ruf bestätigt, dass der Dienst vollbracht ist? Wie kommt meine Familie damit zurecht? Aber den Unterschied zwischen Vollenden und Aufgeben zu erkennen ist eine eher geistliche Angelegenheit. Es ist wie ein Bauchgefühl – ein Gefühl für die Richtung, die der Geist vorgibt. Tief in meinem Inneren wusste ich, dass ich, wenn ich ginge, einige Dinge unvollendet lassen würde. Ich würde aufgeben. Vielleicht ist das bei dir nicht der Fall. Vielleicht ruft Gott dir zu, dass du ein Werk vollbracht hast. Doch selbst wenn du aufgibst – Gott liebt auch Menschen, die aufgegeben haben. Elia war körperlich und geistlich erschöpft und warf das Handtuch, als er unter einem großen Strauch saß. Aber der Herr begegnete ihm und stärkte ihn durch dienende Engel, damit er seinen Dienst wieder aufnehmen konnte. Es gibt Zeiten, in denen man einen Dienst vollendet und weiterzieht, aber mögen wir niemals aufgeben und aufhören, unserem treuen und liebevollen Hirten zu folgen!

Nachdem er wie ein Trankopfer ausgegossen worden ist, weiß Paulus, dass er den Lauf vollendet hat (2Tim 4,6). Wenn er sich an persönliche Angriffe und Widerstände gegen das Evangelium erinnert, sagt er: „Der Herr aber stand mir bei und stärkte mich, damit durch mich die Predigt vollbracht wurde und alle die aus den Nationen hörten" (V. 17). Wenn es sich so anfühlt, als hätten dich alle verlassen, steht dir der Herr bei. Wenn du schwach bist, verspricht er dir, dich zu stärken. Der Herr Jesus lässt es sich nicht nehmen, seinen Dienern zur Seite zu stehen, um sie für und mit der guten Nachricht des Evangeliums zu stärken. Eines Tages wirst du deine jetzige Aufgabe und schließlich auch deinen Lauf vollenden, und dann wird der Herr dich von jedem bösen Werk retten und dich sicher in sein himmlisches Reich bringen (V. 18). Nicht das Böse hat das letzte Wort, sondern Christus. Bis dahin mögen wir nüchtern bleiben, Leiden ertragen, am Evangelium arbeiten und unseren Dienst zur Ehre Gottes vollenden!

Standhaft leiten

Ein unerschütterlicher Hirte

- versucht, nüchtern zu sein, indem er sich nahe an Gott hält.
- räumt durch regelmäßiges, abhängiges Gebet das Gerümpel auf.
- erträgt Leiden, indem er darauf vertraut, dass Jesus die Hauptverantwortung des Hirtendienstes trägt.
- bringt das Evangelium in die Welt hinaus und in die Gemeinde hinein.
- vollendet den Dienst im Vertrauen darauf, dass der Herr uns zur Seite steht.

Gnade für alle

Während ich in einem verschneiten Haus an einem See im Norden Minnesotas sitze und dieses letzte Kapitel schreibe, werde ich an die Herzlichkeit erinnert, die Gottes Kinder in unser Leben bringen können. Diese Reise war eine unerwartete Überraschung. Als ich mich für einen spontanen Urlaub von der Gemeinde verabschiedete, schrieb mir ein Bruder unserer Gemeinde namens Eric Magnuson eine Textnachricht und bot mir das an einem See gelegene Ferienhaus seiner Eltern als Rückzugsort an. Das Angebot war rührend, schien mir aber aus verschiedenen Gründen unmöglich, jedoch hatte ich das Gefühl, dass ich die Nachricht nicht löschen sollte. Dann traf ich Eric zufällig am Sonntag in der Technik-Ecke der Gemeinde. Er sagte, dass er schon mit seinen Eltern gesprochen habe und dass sie mir die Flugkosten und den Mietwagen bezahlen wollten, um die Reise zu ermöglichen.

Ich kenne Erics Eltern nicht einmal. Ihr Angebot hat mich an etwas erinnert, das in Zeiten der Spaltung leicht in Vergessenheit gerät – die Liebe der Gemeinde. Während ich mich auf meine Rückkehr nach Austin vorbereite, mache ich mir bewusst, dass ich nicht zurück in den Kampf ziehe, sondern nach Hause fahre. Ich kehre zu meiner geistlichen Familie zurück: zu Brüdern und Schwestern, die mich lieb haben. Auch wenn unsere Gemeinden manchmal Mühe haben, ihre Liebe zu uns zum Ausdruck zu bringen, und wir sie nicht erkennen, gibt es eine göttliche, scharlachrote Blutlinie, die uns miteinander verbindet.

Komm zu mir

Paulus schließt seinen offenen Brief mit der Wiederholung eines Satzes: „Beeile dich, bald zu mir zu kommen“ (2Tim 4,9.21). Da ist sie wieder, die Sehnsucht. Nicht: *Komm, wenn du kannst*, sondern: *Komm bald zu mir*. Nicht: *Bemühe dich, mich zu sehen*, sondern: *Mache es möglich*. Paulus ist nicht zur dunklen Seite der Macht gewechselt, hat weder sein Herz verschlossen noch den Dienst aufgegeben. Er liebt die Gemeinde immer noch und sehnt sich danach, seinen geistlichen Sohn zu sehen.

Einige Familienmitglieder stehen uns besonders nahe. Irgendwie stimmt die Chemie zwischen uns. Wir fühlen uns in ihrer Nähe sicher, wir können uns auf ihre Unterstützung verlassen und sind gerne mit ihnen zusammen. Dann solltest du genau mit diesen Menschen Zeit verbringen! Gönne dir das! Nimm Kontakt zu dem alten Freund auf, triff dich mit dem Gemeindemitglied, das dich immer so aufbaut, hole dir Hilfe bei dem Leiter, dem du vertrauen kannst. Priorisiere die Beziehungen, die dein Leben bereichern und dir Kräfte zurückgeben.

Der Herr weiß, dass du oft mit Menschen zu tun hast, die sehr anstrengend sind. Du brauchst die Gemeinde genauso sehr, wie die Gemeinde dich braucht. Wenn du also verzweifelt bist, lass es die Leute wissen. Paulus versucht in Vers 21, Timotheus' Ankunft zu beschleunigen: „Beeile dich, *vor dem Winter* zu kommen!“ (Hervorhebung des Autors). Sag deinen geistlichen Kindern, wenn du ihre zwischenmenschliche Wärme brauchst, auch wenn es vor der kalten Jahreszeit ist.

Zwischenmenschliche Versöhnung

Als Pastoren sehen wir einerseits alles, was in der Gemeinde kaputt ist, andererseits aber auch die wiederherstellende Kraft der Familie Gottes. Paulus bittet Timotheus, Markus mitzubringen. Du erinnerst dich vielleicht, dass Paulus und Markus eine heftige Meinungsverschiedenheit gehabt und sich daraufhin getrennt hatten. Doch irgendwann wurde ihnen die Kraft der versöhnenden Liebe Jesu groß, sie umarmten einander wie Brüder, wie eine Familie. Einst war Paulus verärgert abgereist, aber jetzt lädt er Markus zu sich ein.

Inmitten von Leid und Schmerz kann der Gedanke schwerfallen, die Nähe von Menschen zu akzeptieren, die uns verletzt haben. Es gab Leute, die früher einmal zu unserer Gemeinde gehörten und die ich eigentlich nie wiedersehen wollte. Aber sie waren immer noch Teil meiner geistlichen Familie. Ich nahm mir vor, mich mit ihnen zu versöhnen, wenn sie mich darum baten, aber eine erneute Freundschaft würde ich ablehnen. Ich dachte, es sei in Ordnung, so zu empfinden, und nicht falsch, ihnen die Freundschaft zu verweigern. Aber wenn der anhaltende Schmerz nachlässt und wir uns an die scharlachrote Liebe Christi erinnern, sollten wir offen bleiben für die wiederherstellende Kraft des Evangeliums in der Familie Gottes. Trotz seiner zerrütteten Beziehung zu Markus zeigt uns Paulus die erlösenden Möglichkeiten in Christus – sie wurden letztlich sogar mehr als Freunde, sie setzten ihre Zusammenarbeit am Evangelium fort!

Hast du dir geschworen, dich mit einigen Menschen, die dich verletzt haben, nicht mehr zu versöhnen? Petrus fragte Jesus ungläubig, ob wir denen, die uns verletzt haben, bis zu sieben Mal vergeben sollten. Jesus antwortete: „Siebzig mal sieben" (Mt 18,22). Es geht nicht darum zu zählen, wie oft wir vergeben, sondern darum zu vergeben, wie uns vergeben wurde – unendlich oft. Vergebung verpflichtet zwar nicht zur Freundschaft, aber zur Hoffnung – zur Hoffnung, dass selbst entfremdete

Familienmitglieder wieder Teilhaber des Evangeliums werden können. Wäre das nicht ein wunderbares Zeugnis für die Kraft des Kreuzes? Ein zurückkehrendes Gemeindemitglied zu umarmen, das weggegangen ist und dich sogar verletzt hat. Wir müssen zwar nicht sagen: „Beeile dich, bald zu mir zu kommen", aber Jesus spornt uns an, diejenigen, die uns verletzt haben, mit seiner tiefen, vergebenden Liebe zu behandeln.

Immer noch auf Mission

In den Schlussbemerkungen in 2. Timotheus 4 werden noch viele weitere Personen genannt: darunter auch Lukas, der treue Begleiter des Paulus. Titus, Kreszens und Tychikus wurden an andere Orte gesandt. Andere bleiben dort, wo sie sind. Und Paulus, der im Gefängnis eingesperrt ist, lässt sich auch dadurch nicht an seinem Missionsauftrag hindern. Trotz seiner schmerzlichen Erfahrungen weigert er sich aufzugeben. Paulus erinnert sich an die treue Gegenwart Jesu und erklärt, dass Gott ihn gestärkt hat, „damit durch mich die Predigt vollbracht wurde und alle die aus den Nationen hörten" (2Tim 4,17). Da er spürt, dass das Ende nahe ist, denkt er an die Erfüllung seiner Berufung, den Namen Christi vor den Heiden und Königen zu verkünden (V. 18; Apg 9,15). Wie beeindruckend, wo Paulus doch berechtigt gewesen wäre, seinen Dienst viel früher zu beenden. Doch er blieb seiner Berufung treu und erreichte das Machtzentrum der heidnischen Welt. Mögen wir unserer Berufung treu bleiben, wie auch immer sie aussieht, damit Gottes Evangelium durch uns wirken kann. Aber die Mission des Paulus birgt noch etwas anderes, das beeindruckend ist.

Die Botschaft Gottes wurde nicht nur durch Paulus' Worte, sondern auch durch seine Schwachheit vermittelt. Eingekerkert im Herzen des heidnischen Römischen Reiches, verlassen von so manchem Mitstreiter, bot sich Paulus in seiner traurigen Einsamkeit die Gelegenheit, die treue Gegenwart Jesu zu demonstrieren. Seine Unfähigkeit, anderen zu dienen, wurde zu einer Gelegenheit für andere, ihm zu dienen. Seine Ketten machten deutlich, dass das Evangelium ungebunden ist. Er starrte dem Löwen ins Maul und blieb hoffnungsvoll, dass Gott ihn befreien würde. Die unaufhaltsame Gnade Gottes wurde durch die begrenzenden Umstände des Paulus verkündet. Wenn die Welt Zeuge eines unvollkommenen Menschen wird, der sich an den unendlich vollkommenen Gott klammert, wird das Evangelium greifbar. Wenn wir unsere Schwachheit offenlegen, können die Menschen über Gottes Stärke staunen.

An dem Sonntag, an dem ich meine Auszeit ankündigte, sagte ich der Gemeinde, dass ich emotional keine Kraft mehr zum Predigen hätte. Ich teilte ihnen mit, dass ich einen innerlichen Zerbruch erlebte, meine emotionale Energie erschöpft sei und ich im Moment einfach nicht als Pastor dienen könne. Aber ich sagte ihnen auch, dass ich davon ausging, dass Gottes Gnade durch meine Risse hindurchscheinen würde, und versicherte ihnen, dass ich nicht verbittert oder wütend sei, sondern nur erschöpft. Eine junge Frau kam danach auf mich zu und sagte: „Das war die beste Predigt, die du je gehalten hast. So etwas habe ich noch nie in einer Gemeinde erlebt." Ihr standen die Tränen in den Augen, als sie erklärte, wie Gott sie mit ihren unrealistischen Erwartungen an die Gemeinde konfrontiert und sie dazu gebracht habe, ihr ganzes Vertrauen auf Jesus zu setzen. Infolgedessen wurde sie ein Familienmitglied unserer Gemeinde. Was sie an diesem Tag erlebte, war die uneingeschränkte Gnade Gottes, die durch einen völlig eingeschränkten Pastor verströmt wurde. Selbst in unseren

Leiden – vielleicht sogar ganz besonders in ihnen – können wir zu einem lebendigen Beispiel für Gottes Gnade werden, die in Jesus für Sünder ausgegossen wurde. Wir werden zum Beweis für die Chancen eines Lebens, das in der Liebe Christi verwurzelt ist.

Einige Wochen bevor ich wieder als Pastor arbeitete, bekamen wir mit der Post ein Paket. Als meine Frau es aufmachte, sah ich durch die Luftpolsterfolie Keramik und lachte: „Wieder ein Geschenk für die Küche." Aber als sie die Schutzfolie entfernte, sah ich eine schwarze Kintsugi-Schale mit großen goldenen Adern, die sie durchzogen. Was einst zerbrochen gewesen war, war repariert worden und jetzt sogar noch schöner. Eine Gruppe von Geschwistern, die mich in meiner Zerbrochenheit liebten, hatte mir ein Symbol für Gottes gnädiges, zärtliches Wirken an mir in dieser Lebensphase geschickt.

Paulus schließt seinen Brief mit einer ganzen Reihe von persönlichen Grüßen an die Familie und einer kurzen privaten Nachricht an Timotheus: „Der Herr Jesus Christus sei mit deinem Geist" (2Tim 4,22). Wo immer du bist, möge der Herr auch mit deinem Geist sein: Er möge dich trösten, unterstützen, heilen und dich durch all das begeistern, was er in Jesus für dich ist. Möge sich seine Gegenwart ausbreiten und seine Gnade überfließen, so wie Paulus es wünscht, wenn er abschließend sagt: „Die Gnade sei mit euch." In der Tat, Gottes kostbare, erhaltende und teure Gnade möge mit all unseren Gemeinden sein. Amen.

Danksagung

Dieses Buch wäre nicht ohne die enorme Unterstützung der *City Life Church* entstanden. Ihr habt mich mit Briefen, Bibelversen, Kaffee, Gebeten und einer wunderschönen Kintsugi-Schale ermutigt. Ich bin besonders unseren Ältesten zu Dank verpflichtet, die den gebrochenen, schwachen, weinerlichen und langsamen Jonathan unterstützt haben. Danke, Peter, John und Matt! Ihr seid so treue Hirten.

Mom und Dad, Ihr habt mich mit Eurer fürsorglichen Liebe und Gastfreundschaft erfrischt, während ich in Colorado war. Das war genau das, was ich brauchte. Danke, Familie Magnuson, für Eure Großzügigkeit.

Danke, Don, für Deine intensive Bemühungen, für dieses Buch den richtigen Verleger zu finden, und Brian Thomasson, für Deine enthusiastische Unterstützung und redaktionelle Hilfe während der gesamten Zeit.

Meiner Frau Robie gebührt der größte Dank. Schatz, Du stehst hinter jedem Kapitel, denn Du unterstützt mich. Du hast mir den Freiraum gegeben, um wegen meiner Sorgen Tränen zu vergießen und auf hart erkämpfte Freuden hinzuarbeiten, und hast nie ein verurteilendes Wort geäußert oder Dich von mir frustrieren lassen. Du bist meine größte Quelle der Weisheit und Ermutigung. Ich liebe Dich.

Gepriesen sei unser Herr, der sich mit unaufhaltsamer Gnade um uns kümmert.

Dave Kraft
Langstreckenleiter
Gott im Blick, das Ziel vor Augen
Pb., 144 S., 13,5 × 20,5 cm
Best.-Nr. 271916
ISBN 978-3-86353-916-0

Manchmal will man als Leiter nur eins: hinschmeißen. Dave Kraft will auch nur eins: dass Sie am Ziel ankommen. Menschen erfolgreich zu leiten, ist wie ein Langstreckenlauf. Um das Ziel zu erreichen, sind Vision, Leidenschaft und Ausdauer nötig. In diesem Buch erfahren Sie, wie man diese Grundlagen entwickeln und entfalten kann. Welche Voraussetzungen sind nötig? Wie entwickelt man einen tragfähigen Charakter? Und wie kommt man da an, wo man hin will? Die praktischen Hinweise, Tipps und klugen Einsichten aus der langjährigen Erfahrung des Autors machen *Langstreckenleiter* zu einer motivierenden Trainingseinheit. Damit Sie als Leiter nicht auf der Strecke bleiben, sondern als Sieger am Ziel ankommen!

Alexander Strauch
Biblische Ältestenschaft
Ein Aufruf zu schriftgemäßer Gemeindeleitung
Gb., 384 S., 13,5 × 20,5 cm
Best.-Nr. 271904
ISBN 978-3-86353-904-7
Überarbeitete Neuauflage voraussichtlich erhältlich ab Sommer 2025

Dieses Standardwerk zum Thema „Ältestenschaft" stellt das Modell der Gemeindeleitung vor, wie wir es in Philipper 1,1 finden: „Heilige, Älteste und Diener". Der Autor, seit mehr als drei Jahrzehnten Ältester einer Gemeinde in den USA, beschreibt die Kennzeichen einer biblischen Ältestenschaft und geht ausführlich auf die zugrunde liegenden Bibeltexte ein.